档案管理理论与医院档案建设探索

禹 夏 黎 华 秦基石◎著

吉林科学技术出版社

图书在版编目（CIP）数据

档案管理理论与医院档案建设探索／禹夏，黎华，
秦基石著. -- 长春：吉林科学技术出版社，2024. 8.
ISBN 978-7-5744-1724-3

Ⅰ. G275. 9

中国国家版本馆 CIP 数据核字第 2024V3T468 号

档案管理理论与医院档案建设探索

著	禹 夏 黎 华 秦基石
出 版 人	宛 霞
责 任 编 辑	穆 楠
封 面 设 计	金熙腾达
制 版	金熙腾达
幅 面 尺 寸	170mm×240mm
开 本	16
字 数	203 千字
印 张	13
印 数	1~1500 册
版 次	2024年8月第1版
印 次	2024年12月第1次印刷

出　　版　吉林科学技术出版社
发　　行　吉林科学技术出版社
地　　址　长春市福祉大路5788号出版大厦A座
邮　　编　130118
发行部电话/传真　0431-81629529 81629530 81629531
　　　　　　　　　81629532 81629533 81629534
储运部电话　0431-86059116
编辑部电话　0431-81629510
印　　刷　三河市嵩川印刷有限公司

书　　号　ISBN 978-7-5744-1724-3
定　　价　80.00元

前 言

　　在全球化和信息化的浪潮中，档案管理作为信息社会的重要基石，承载着记录历史、传承知识、服务社会的三重使命。档案不仅是历史的见证者，更是社会发展的参与者和推动者。随着科技的不断进步和经济的快速发展，档案管理在提升社会效益、促进经济增长中扮演着越来越重要的角色。档案的有效管理能够为决策提供准确的历史数据支持，为科学研究提供丰富的知识资源，为法律实践提供可靠的证据保障。在医疗领域，档案管理的重要性更是不言而喻。医院档案不仅记录了患者的诊疗信息，还包含了医学研究、教学培训、管理决策等多方面的内容。医院档案的有效管理，不仅能够保障患者隐私，提高医疗服务质量，还能够促进医学知识的积累和创新，提升医院的整体竞争力。因此，对医院档案管理进行深入研究，探索其理论基础和实践方法，对于提升医院管理水平、推动医疗行业的发展具有重要意义。

　　本书旨在为医院档案管理提供一套系统的理论和实践指导。全书围绕档案管理的基础理论、工作内容、数字化转型以及信息化建设等方面展开，旨在帮助医院管理人员和档案工作者更好地理解和掌握档案管理的现代方法。本书首先从档案的形成、分类和作用讲起，阐述了档案管理工作的意义与基本要求，以及组织体系与制度建设的重要性。接着，深入探讨了档案收集、整理、鉴定、保管和利用等环节，为档案管理工作提供了具体的操作指南。在医院档案管理工作的探讨中，本书不仅分析了档案管理在医院中的关键作用，还提出了实现医院档案精细化管理和现代化管理的对策。此外，书中还关注了档案管理人员的职业发展，为档案工作者提供了职业发展路径的指导。最后，本书着眼于医院档案信息化建设的未来，探讨了医院档案信息化的建设和管理，以及体检档案和档案共享服务的信息化建设，为医院档案管理的长远发展提供了方向。

在本书的写作过程中，笔者力求内容的全面性和实用性，但由于档案管理领域的广泛性和复杂性，书中难免存在疏漏和不足之处。在此，笔者恳请广大读者和同行不吝赐教，提出宝贵的意见和建议，以期本书能够不断改进，更好地服务医院档案管理工作。

作者

2024 年 9 月

目　录

第一章

档案管理概述

第一节　档案的形成、分类和作用

档案是社会组织或个人在工作活动中采用书写、绘制、拍照、录音、录像等方式记载并保存下来供人们查考的原始信息。档案的历史可谓源远流长。数千年来，随着生产的发展和技术的进步，档案的载体由早期的龟甲兽骨、青铜器皿、竹简木牍、石料、缣帛等材料发展为纸张。近现代以后又出现了以胶片、磁带、计算机磁盘、光盘等为载体的新型档案。与此同时，档案形成者的范围不断扩大，从以官方机构为主要形成者，发展到各类企业、学校、医院、社团，以至于家庭或个人都形成档案；档案的内容从主要记载国家事务，逐渐扩展为大量记载各种社会生产、生活和自然现象，档案因此成为一种全面记录与反映国家和社会各个领域历史发展状况的宝贵的信息资源。

一、档案的形成

（一）何谓档案

档案是社会组织或个人在社会实践活动中直接形成并保存备查的各种形式的原始记录。所谓原始记录，是指随着各项现实活动的进行，出于某种需要，以一定的方式记录在某种载体上而形成的信息。这些原始记录主要运用在行政文件、经济文书、科研设计材料、手稿、日记、书信及家谱等，在形式上主要有文字、照片、录音、录像及数字化信息等。比如各类社会组织在行政管理工作中形成并保留的决定、会议记录；在生产活动中形成并保存的生产计划、产品设计图纸；

在商务活动中形成的客户信息、销售记录；在员工聘任和考核中形成并保存的表格；在财务管理中形成的会计凭证、报表等。通常，我们将上述各种内容和形式的原始记录统称为"文件"。

（二）档案从何而来

1. 档案形成者的类型

档案形成者的类型非常广泛，从组织的角度而言，档案来源于依法成立并能以自己的名义行使权利和承担义务的各种社会组织，即"法人"，它包括各级党政机关，各种工商业、金融保险业、房地产业、信息产业、服务业的公司，各类教育、科研、卫生、文艺、体育、社会福利机构，还有学会、协会、商会等社会团体。档案在这些单位内是按照职责分工连续地、有规律地形成的。从个体的角度来说，档案来源于依法享有权利并承担义务的个人，即"自然人"，以及家庭、家族。在这个范围内，档案是围绕个人、家庭、家族的社会活动或家庭事务形成的。

2. 档案与其形成者的关系

首先，档案是其形成者在自身的活动中形成的，属于同一个形成者的档案之间存在着不可分割的密切联系。比如一个企业实施管理、开展经营活动形成的工作制度、操作流程和规范、各种会议记录、各种合同和客户登记、产品生产或销售记录、产权证明、财务账目，以及照片、录音、录像材料等，既是这个企业开展工作的工具，又记录了其活动的实际过程，能够全面、系统地反映这个企业的历史活动面貌，是一个有机的整体，因此，这些档案不能分散，应集中管理。

（三）档案如何形成

档案是社会组织（以下简称"单位"）或个人在现实工作中形成和使用的各种文件的转化物。由于单位和个人的社会职能、活动方式、沟通渠道不同，因此，其档案在形成过程上也存在一定的差异。个人、家庭或家族的档案以手稿、日记、书信、契约、账册、家谱、音像材料为主，一般在形成之后经过一定的整理，进行有序积累，就可以作为档案保存。而单位档案的形成过程比个人档案要复杂一些，它们一般都要经过一系列的工作程序之后才能形成。在这里，我们以单位的档案为主，描述和分析其形成过程。

1. 处理完毕的文件才能成为档案

档案是从文件转化来的，档案与文件是同一个事物的不同运动阶段。文件是单位开展各项工作的办事工具和沟通媒介，具有时效性，而档案的主要作用是备查。所以，只有当文件处理完毕以后，不需要在单位的现行工作中运行了，才可以作为档案加以保存。在这里，文件的"处理完毕"是指其完成了收文、发文等文书处理程序。需要指出的是，文件的处理完毕与文件内容所针对事务的办结并非完全同步。在实际工作中，一些文件内容的办结与文书处理程序的完结可以同步，比如《××机械设备公司关于开展青年职工技能大赛的通知》，这个技能大赛一结束，该通知的内容就办结了，其承办环节也结束了；人事文件在形成之后也能够进入档案管理阶段。而另一些文件在完成了文书处理程序之后，其内容仍然处于生效的状态，如法规类文件、政策性文件和契约类文件的内容往往在很长的时期内有效。那么，文件可以转化为档案的"结点"主要是指其完成了文书处理程序，而不是说文件完全丧失了现行效用。由此可见，文件处理完毕转化为档案之后，其中一部分丧失了现行效用，成为历史文件；另一部分则仍然具有法律和行政上的效用，可作为现实工作的依据。

2. 对日后工作活动具有一定查考利用价值的文件

在现实工作活动中产生和使用的文件对人们今后的活动未必都具有查考利用价值，其中一部分文件在工作任务结束后，其利用价值随之完结，不需要继续保存，而另一部分文件则因为对今后的工作活动具有查考利用价值而被人们作为档案保留。因此，文件能否转化为档案需要人们通过鉴定来决定。文件的查考利用价值主要是指其在事实、证据、知识等方面对人们和社会的有用性。在文件向档案转化的过程中，查考利用价值是档案形成的关键因素和条件。因此，只有具有查考利用价值的文件才有必要作为档案保存。"有文必档"会导致档案质量的良莠不齐和管理资源的浪费；而不重视积累档案则会造成工作的被动和历史的空白。

3. 经过立卷归档集中保存的文件才最后成为档案

文件是随着单位完成各项工作任务的过程而逐渐生成的，这就使文件分散于各个承办部门或人员手中。文件的这种分散状态不符合档案管理与利用的要求。

为此，人们需要将具有保存价值的文件集中起来，按照一定的规律对其进行系统化整理，并移交给档案部门，这就是立卷归档。因此可以说，办理完毕、具有查考利用价值、经过立卷归档的文件才能转化成为档案。

由此可见，档案虽然是由文件转化来的，但是文件不能自动地成为档案，其间必须经过有关人员开展鉴定和立卷归档工作，才能使具有保存价值的文件最终转化成为档案。在这里，归档既是文件向档案转化的程序和条件，又是文件转化为档案的一般标志和界限。

从档案形成的过程看，档案与文件之间有着天然的密切联系，也有着明显的区别，具体表现为：文件是档案的前身，档案是文件的归宿；文件是档案的基础，档案是文件的精华；文件是档案的因素，档案是文件的组合。档案是由各种文件有条件地转化来的，这就是档案形成的一般规律。掌握档案的形成过程和条件，是我们正确地处理文书工作和档案工作之间的关系，以及科学地开展档案管理工作的前提。

（四）档案的外在形式

社会活动中原始信息记录方式的多样性决定了档案外在形式的多样性。

1. 档案实体的构成要素

档案实体的构成要素包括档案的载体、档案信息的表达方式和档案信息的记录方式三方面。

档案的载体是指承载档案信息的各种物质。我国从古至今使用过的档案载体材料有甲骨、青铜、石材、竹简木牍、缣帛、纸张、胶片、磁带、磁盘、光盘等；从发展进程来看，档案载体制造工艺中的科技含量越来越高，体积越来越小，越来越轻便，而它们所承载的信息量则越来越大。

档案信息的表达方式包括文字、图示、图像、声音四种类型，例如行政文件多采用文字表达方式，产品设计文件多采用图示或图像的表达方式等。

档案信息的记录方式是指档案信息与档案载体结合的手段，包括刻铸、手写、印刷、晒制、摄影、录音、录像、录入、刻录等方式。

2. 文件用途的表示方式

文件有不同的用途，文种名称则是文件用途的表示方式。时代不同，文件种类以及名称也各不相同。例如我国古代的官方文件有制、诏、诰、谕、题、奏、表等。而现代社会，各单位在行政管理中有章程、条例、命令、决定、意见、请示、报告、通知、通报、公告、计划、总结等；在生产活动中有设计方案、工艺图纸、数据库等；在经济活动中有市场分析报告、市场预测报告、产品营销策划书、广告文案、报表、账簿、合同等。

3. 档案的版本

档案的版本是指文件从拟写到办理过程中所形成的不同稿本，如草稿、定稿、正本、试行本、副本等。在实际工作中，各单位都必须使用定稿、正本、试行本、修订本等经过正式程序制发的有效文本。当文件转化为档案之时，在版本上，要注重选择可靠程度最高的定稿、正本、试行本、修订本等版本，并且一般只保留原稿、原本，不留存副本。所以，档案是以孤本为主，不像图书那样存在大量的副本。档案的版本特点对档案管理工作提出了更高的要求。

（五）档案的本质属性

档案是原始的历史记录，这是档案的本质属性，也是档案区别于其他信息的主要特征。原始记录性作为档案本质属性的根本原因在于：档案是其形成者在工作活动中形成和使用的原始记录的转化物。首先，档案是原生的或首次生成的信息，而不是事后编写或制作的再生信息，因而具有原始性的特点；其次，档案的内容直接记载着其形成者工作活动的"现场"情况，可以客观地再现当时的情形，因而具有记录性的特点。原始性与记录性的有机结合就构成了档案所具有的独一无二的本质特征。正因如此，档案成为承载历史记忆的最为可靠的载体。

原始记录性是档案具有可靠的凭证作用的原因所在。因此，保持档案的原始记录性就成为档案管理与利用工作中的一项神圣职责。我们应该明确，无论何时何地，都不允许任何人改变档案原始信息内容记录的状态，否则就会使档案失真，从而造成历史事实的扭曲。在我国，档案的原始记录性受到国家相关法律的保护。法律规定，对损毁、涂改、伪造档案等行为，根据情节轻重，给予行政处分，直至依法追究刑事责任。因此，各单位的工作人员以及每个公民必须依法保护档案的原始面貌，维护好历史真实性的源头。

二、档案的分类

档案的分类是指根据一定的标准，按照档案在来源、内容、时间、形式等方面的异同分门别类。我们可以从以下三个层面对档案进行分类。

（一）档案实体分类

档案实体指档案原件，档案实体分类是出于保管的需要而对档案原件进行的分类，分类的结果是构成档案的保管体系。档案实体分类包括如下两个范围。

1. 全宗内档案的分类

全宗内档案的分类是指对一个独立的单位或个人全部档案的分类，通过分类使该单位或个人的档案构成有机的联系，并能够显示出其历史活动的面貌。

2. 档案馆档案的分类

档案馆集中了许多单位和个人的档案，为此，也需要实行分类管理。目前，我国的档案馆对全部馆藏档案一般是按照全宗群的原则，根据档案形成过程中历史的、工作系统的或载体形式的特点进行分类。

（二）档案信息分类

档案信息是指档案所记述和反映的内容。档案信息分类就是根据社会实践活动的领域，以及单位或个人的职能分工，对档案的内容进行划分。其分类的结果主要表现为档案信息检索体系。

（三）档案种类的划分

与前两者的分类不同，档案种类的划分属于对档案进行概念上的分类，所针对的是我国的全部档案。由于认识的角度不同，所以形成了多种档案种类的划分方法。

1. 按照所有权划分

我国的档案按照所有权分为国家所有的档案、集体所有的档案和个人所有的档案三类。

2. 管理机关对国家所有的档案的划分

我国档案行政管理机关从行政管理的角度对国家所有的档案进行了划分。首先，按照历史时期将国家所有的档案划分为中华人民共和国时期的档案和中华人民共和国成立以前的档案两个部分。其次，按照政权的性质将中华人民共和国成立以前的档案划分为革命政权档案（革命历史档案）和旧政权档案两个部分。

3. 按照档案工作中通行的方法划分

在档案管理的实践中，档案工作者还将档案划分为文书档案、科技档案、专业档案（也称专门档案）三种类型，并在档案界得到了普遍的认同。其中，文书档案主要指由各类单位在管理活动中形成和保存的各种行政或业务文件，如命令、请示、通告、计划、总结、合同、市场调查和预测报告、营销策划方案、客户记录等；科技档案主要指由企业或科研单位在生产和科研活动中形成和保存的科技文件材料，如图纸、科研成果报告等；专业档案则主要指除了文书档案和科技档案之外，所有在专业活动中形成的档案。

4. 按照档案的载体形态划分

按照档案的载体形态不同，可以将档案划分为甲骨档案、金石档案、简牍档案、缣帛档案、纸张档案、照片档案、录音档案、录像档案、计算机磁盘档案及光盘档案等。

三、档案的作用

档案的作用是指档案对人们的社会实践活动所产生的积极影响，同时，档案作用的发挥具有一定的规律性。了解这方面的知识对于我们做好档案工作具有重要的意义。

（一）档案的基本作用

1. 确凿的凭证价值

档案是人类社会活动留下的原始记录，是确凿的证据，它可以作为人们见证历史的真凭实据，成为人们分辨事实、查证疑案、处理问题的依据。在经营、管理或维护权益的活动中，档案是不可或缺的凭证。

档案之所以具有凭证作用，是由档案的形成过程和形式特点所决定的。首先，档案从原始文件转化而来的形成过程，表明其内容是当时当事人活动的真实记录，而非事后编写或制作的材料；它客观地记载了以往的历史情况，是令人信服的证据。其次，从档案的形式特征来看，在形成和处理过程中，出于需要会在原始文件上留下一些标记，如机关或个人的印信，领导人的亲笔批示或签署，当事人的手稿或署名，现场的录音、照片、录像，电子文件的元数据及电子签名等。当文件转化为档案之后，这些标记必然保留于档案载体之上，成为真切的历史标记，可以确凿地见证历史事实。

2. 广泛的参考价值

档案不仅记录了历史过程和事实，而且也记录了人们从事各种活动的意图、思想、数据、成果、得失等。它可以为人们查考既往情况、总结经验教训、研究事物发展规律、从事发明创造、进行宣传教育等提供广泛而可靠的参考。

与图书、报刊、资料相比，档案的参考价值具有自己的优势：第一，原始性和可靠性。第二，内容的广泛性。档案来源于各个历史阶段和社会实践活动的各个方面，内容涉及面极为广泛，是丰富的智力资源。第三，档案的参考价值是人们的工作活动能顺利进行的一个重要条件。我们如果在工作中能够及时利用档案，会起到节约时间和资金、提高效益的良好效果。

（二）档案发挥作用的规律

档案的作用是客观存在的，但是其实现的方向、程度和方式却因时空环境的不同而有所不同，并表现出一定的规律性。

1. 档案的作用从形成者向社会扩展

档案对其形成者和对社会的作用具有双重性和过渡性。档案对其形成者的作用被称为"第一价值"，对社会的作用被称为"第二价值"。在实践中，由于多种原因，档案的"第一价值"和"第二价值"往往不是在同一时间和空间范围内实现的，而是先实现"第一价值"，然后过渡到实现"第二价值"。

（1）档案"第一价值"的实现

在档案形成以后的相当长的时期内，本单位需要较为频繁地查阅和利用档案，来为解决现实工作问题服务。这时档案发挥作用的主要场所是单位的档案室。档案对形成者的作用是促使其积累档案的动力。档案对其形成者的作用发挥得越充分，其积累档案的积极性就越高。

（2）档案"第二价值"的实现

档案的"第一价值"实现到一定的阶段，形成者对于形成时间较长档案的现实利用需求逐渐减少，利用率降低，甚至消失。这时，档案应该从"第一价值"向"第二价值"过渡，发挥其社会作用。档案在实现"第二价值"的时候，它的保管地点需要从形成者的档案部门向国家设立的各级各类档案馆转移。

2. 档案作用方向的多元化趋势

文件转化为档案以后，不仅从主要发挥现行效用转变为主要发挥历史查考作用，而且发挥作用的方向也会发生一些变化。原始文件的形成往往是出于行政或业务的单一目的或用途，比如：一个单位的员工名册是出于员工管理的需要而形成的；一套修筑铁路工程的设计图纸是出于工程建设的需要而形成的。但当它们成为档案后，发挥作用的方向则可能超越其形成的工作目的或用途，扩展到其他领域。比如：员工名册、账册、房地产契据可以作为研究社会或经济问题的资料；修筑铁路的技术图纸可以作为边界谈判时维护国家领土完整的证据；领导讲话等文件可以成为宣传教育的素材，等等。

了解档案作用从形成者向社会扩展的规律和作用方向的多元化趋势，有助于档案管理人员在对文件进行鉴定时全面地判定档案的价值，准确地为本单位和国家挑选和留存档案。

3. 档案的机密程度逐渐递减

众所周知，一些现行文件具有机密性。当文件转化为档案之后，为了维护国家、单位及个人的政治、经济利益，对具有机密性的档案仍须采取保密措施加以管理。所谓保密，就是指档案准许利用的范围和利用程度，在这方面，我们应该按照国家的有关规定执行。同时，我们又要看到，随着时间的推移和条件的变化，档案的机密性也会发生变化。一般来说，档案机密性的逐渐弱化是一个总的趋势，表现为档案机密性的强弱与档案保管时间的长短成反比。档案管理者应该善于利用档案机密程度递减律，依法逐渐扩大档案的开放范围，广泛实现档案的价值。

4. 档案作用的发挥取决于一定的条件

（1）社会环境

社会环境包括社会制度、国家的法治情况和方针政策、社会的经济发展水平等，它们对于信息公开的程度及档案作用发挥的程度、方向等都有直接的影响。良好的社会环境能够使档案的作用得到充分的发挥。

（2）人们的档案意识

档案意识是指人们对档案的认知水平。人们若具有较强的档案意识，就会引发利用档案的需求，从而使档案作用得以发挥；档案意识淡薄甚至没有档案意识，即使有利用档案的需求，也难以转化为利用档案的现实行为。

（3）档案的管理水平

档案要依靠有效的管理才能发挥作用。档案管理体系健全，方法科学，管理手段现代化程度高，工作质量优良，就能够使利用者方便、快捷、准确地获得所需要的档案或档案信息，从而使档案的作用得以发挥。因此，提高档案管理水平、实现档案管理的现代化、提供优质高效的档案利用服务，是促进档案作用充分发挥的重要条件。

第二节   档案管理工作的意义与基本要求

档案工作指管理档案和档案事业的活动，包括档案管理工作、档案行政管理工作、档案教育工作、档案科学研究工作和档案宣传工作等。档案管理指档案的收集、整理、保管、鉴定、统计和提供利用等活动，即档案室和档案馆所从事的档案业务工作。通常说的档案工作是从狭义上讲，即档案管理工作。

一、档案工作的内容

（一）收集

收集是指档案室（馆）接收或征集档案和其他有关文献的活动。通过收集使分散的、数量浩繁的档案集中起来，便于档案的科学保管和有效利用。

（二）整理

整理是指按照一定的原则对档案实体进行系统分类、组合、排列、编目，并使之有序化的过程。档案整理工作使成分复杂的档案条理化、系统化，利于档案的保存和使用。

（三）鉴定

鉴定是指按照一定的原则和标准，判定档案的真伪和价值，确定保管期限及决定档案存毁的一项工作。通过鉴定工作，去粗取精，剔除失去保存价值的档案，使档案保管机构的人力、物力和财力充分发挥作用。

（四）保管

保管是维护档案完整与安全的活动。其基本任务有两个：一是维护档案实体的系统性，使库藏档案始终有序；二是保护档案实体，最大限度地减少人为或自然因素的损坏，延长档案的"寿命"。

（五）检索

检索是指存储和查找档案信息的过程。档案检索工作将档案信息运用一系列方法进行加工处理，形成各种检索工具，供人们查找所需档案。

（六）编研

编研是指在研究档案和社会需要的基础上，按照一定的题目、体例和方法编辑档案文献的活动。档案编研工作，可以使档案满足更多利用者的需要，让档案信息以编研成果的形式长远流传下去，并延长档案原件的寿命。

（七）利用

利用又称利用服务，是指利用者以阅览、复制、摘录等方式使用档案的活动。档案得以利用是档案管理工作的最终目的，通过利用可以使包含在档案中的凭证价值和参考价值得以发挥与实现。

（八）统计

档案统计是指对反映和说明档案及档案工作现象的数量特征进行收集、整理和分析的活动。档案统计工作，不仅可以为整个档案管理工作提供真实可靠的原始数据、基本事实，让人们对档案及档案工作做到心中有数，而且还为档案工作决策提供强有力的信息支持，保证决策的科学性。

二、档案收集工作的基本要求与意义

（一）档案收集工作的基本要求

1. 丰富和优化室（馆）藏

丰富和优化室（馆）藏要求在收集档案时，做到以下四点。

（1）数量充分

所谓数量充分，就是要求各级各类档案保管机构尽量补充档案数量。就现状来看，我国的档案虽然在总数量上名列世界第一，但在人均占有量上并不高。这与我国的悠久历史和社会的需求不相匹配，因此，应丰富档案室（馆）藏。

（2）质量优化

所谓质量优化，就是指所收藏的档案要达到一定的质量标准，具体包括两方面：一是档案本身的内在质量（完整性、准确性、规范性）和外在质量（档案载体及书写、印制材料应符合长期安全保管的要求）；二是档案整理的质量。只讲数量，不讲质量的收集是没有价值的，必须保证所收集的档案有价值，按国家的相关标准进行收集；否则，就会出现档案数量多了，但可供人利用的却少了的反常情形。

（3）门类齐全

所谓门类齐全，就是指档案保管机构应收集各种门类的档案。在收集中，不仅要收集文书档案，也要收集科技、专门档案；不仅要收集纸张载体的档案，还要收集声音、照片、电子等各种载体形态的档案。否则，档案保管机构所保管的档案就会因门类或载体的单一而缺乏吸引力。

（4）结构合理

所谓结构合理，就是指档案保管机构所收藏的档案在来源、内容等方面应该是合理布局的。档案室（馆）藏档案既要有一般性的材料，也要有各具特色的材料；既要有领导机关的材料，也要有基层单位的材料；既要有宏观材料，又要有微观材料。在收集时，既要收集文书，又要收集如报刊、地方志、传记、年鉴、回忆录、文件汇编、成果汇编及其他杂志等资料。

2. 加强档案室（馆）外的调查和指导

档案室必须注意调查研究，掌握本单位文件的形成规律和特点，制定归档制度，明确接收档案的范围、时间、数量与质量要求。档案馆应从本馆的性质与职责出发，对有关国家机构、社会组织和个人的职能、地位、任务，以及形成档案的种类、内容、保存价值、数量、整理和保管等情况，进行调查研究，确定应移交档案的范围、时间、数量、质量要求和手续。

在接收前，档案室应加强对有关部门的档案整理工作进行指导，以保证所收集的档案的质量与价值。

3. 积极推行入室（馆）档案的标准化

积极推行入室（馆）档案的标准化，要求在收集档案时控制好档案的质量。凡反映本机关主要职能活动，具有保存价值的各种门类、各种载体的档案，均应收集齐全完整；进馆档案必须以全宗为单位进行整理；进馆档案必须经过鉴定，保管期限必须准确无误；档案整理（分类、组卷、排列、编号、编目、装订等）规范；所采用的档案包装材料必须符合国家的相关标准，所编制的检索工具应符合档案工作要求，在利用档案时能做到有目可查；归档材料中有电子文件的，应当与相对应的纸质文件一并存档；属于非光盘形式的电子文件，应当转换成光盘储存形式的电子文件。档案工作的标准化，应该在收集时就着手推行。

4. 保持全宗不可分散性

全宗就是一个立档单位形成的全部档案，一个单位的各项活动是密切联系的，因此在活动中形成的各种文件材料也必然存在固有的联系。为了确保文件的完整，在收集档案时必须坚持全宗不可分散的原则，一个单位档案应集中到一个档案室，不能分散处理。

（二）档案收集工作的意义

档案收集工作是整个档案工作中极为重要的一个环节，是档案馆管理的基础。做好档案收集工作，对于加强国家档案资源建设、丰富优化馆藏结构、建立健全"三大体系"、发挥"五位一体"的功能、提高档案馆服务水平，有着重要意义。

1. 收集工作是档案工作的前提条件

没有档案收集工作，就不可能有完整的档案，也就不可能有健全的档案工作。收集是档案室（馆）取得档案的一种手段。档案收集工作是档案工作的起点，它为档案工作提供了物质条件。

2. 收集工作是维护党和国家历史真实面貌的必要手段

档案室（馆）的收藏是一定地区、部门在政治、经济、科学和文化教育等方面情况的综合反映。收集工作使得档案齐全完整、内容丰富，因此，应将散存在机关、组织、个人手中以及散失在各地的档案材料及时收集补充到档案室（馆）。档案是维护历史真实面貌的重要凭证，是贯彻执行党的路线、方针、政策的重要工具，因而收集工作的作用是十分明显的。

3. 收集工作为加强档案室（馆）建设奠定物质基础

档案馆要开展利用工作，没有一定数量的档案是无法进行的，而室（馆）藏不丰富、门类不全，就很难满足社会上各条战线、各种工作、各种人员对档案利用提出的各种要求。编研工作更需要有丰富的档案作为后盾。档案室（馆）其他日常工作，也必须在室（馆）藏丰富的基础上才能做得更好。档案的整理，只有从众多的档案材料中才能清楚、准确地把握档案内在的有机历史联系，才能在丰富材料基础上综观全局、全面考察、权衡利弊，提高工作效率，加快整理工作进度，为档案提供、利用等工作创造条件。

总之，只有做好收集工作，才能使室（馆）藏丰富，材料齐全，为档案室（馆）各项业务建设及提高档案工作科学水平提供必要的物质条件。

4. 收集工作能促进档案学理论发展，推动档案工作现代化

档案室（馆）作为党和国家保存档案的重要基地，也是发展档案学理论的重要源泉。假若档案室（馆）藏不丰富，档案室（馆）各项工作开展不充分，就不可能为档案学理论的突破和发展提供充足的实践依据。室（馆）藏越丰富，各项工作实践也就越丰富多彩，必然提出许多新问题、新要求，提供很多新情况，为档案学理论的发展打下坚实的基础，推动档案学理论的发展。

丰富的室（馆）藏也是实现档案工作现代化的推动力量。要实现档案工作现代化，最基本的是要有丰富的室（馆）藏和对现代化的迫切需要。室（馆）

藏丰富，利用者便如鱼得水，这无疑会对实现档案工作现代化产生重要的推动作用。

三、档案整理工作的基本要求与意义

（一）档案整理工作的基本要求

档案整理工作的基本要求：保持文件之间的历史联系；充分尊重和利用原有的整理成果；便于保管和利用。

1. 保持文件之间的历史联系

文件之间的历史联系是指文件在产生和处理过程中所形成的内部关系。保持文件之间的历史联系，是档案整理工作的根本性原则，可使档案客观地反映其形成者的历史面貌。文件之间的历史联系主要表现为以下四方面。

（1）文件在来源上的联系

文件的来源一般指形成档案的社会组织或个人。同属于一个形成者或同类型形成者的文件在来源上有着密切的联系。

不同来源的文件反映不同形成者历史活动的面貌，在整理档案时必须保持文件在来源上的联系，而且，不同来源的档案不能混淆在一起。

（2）文件在时间上的联系

文件的时间一般是指其形成的时间。不同时间的活动，所形成的文件先后有序；同一阶段的活动，所形成的文件具有自然的时间联系。在整理档案时，保持文件之间在时间上的联系，有利于体现其形成者活动的阶段性、连续性和完整性。

（3）文件在内容上的联系

文件的内容一般指文件涉及的具体事务或问题；解决同一个事务、同一个活动、同一个问题所形成的文件之间必然具有不可分割的联系。在整理档案时，保持文件之间在内容上的联系，有利于完整地反映其形成者各种活动的来龙去脉和基本情况，也便于查找利用。

（4）文件在形式上的联系

文件的形式一般是指其载体、文种、表达方式以及特定的标记等，这些因素共同决定了文件存在与表达形态。不同形式的文件往往具有不同的作用、特点和管理要求，可承接不同的任务，反映一些特定的工作关系。在整理档案时，保持文件在形式上的联系，有利于揭示文件的特殊价值，便于档案的保管和利用。

2. 充分尊重和利用原有基础

充分尊重和利用原有基础指档案管理者要善于分析、理解和继承前人对档案的整理所形成的自然基础，不可轻易地予以否定或抛弃。须做到以下三点。

第一，当原有基础基本可用时，应维持档案原有的秩序状态。

第二，如果某些局部整理结果明显不合理，可以在原来的整理框架内进行局部调整。

第三，如果原有的整理基础无法实行有效管理，可进行重新整理。

3. 便于保管和利用

便于保管和利用是档案整理工作的出发点和目的，也是检验整理工作质量的标准。在整理档案时，应保持文件之间的历史联系与便于保管和利用之间是一致的。而在某些特殊的情况下，二者之间会发生一定矛盾，此时就需要综合考虑各种因素，在保持文件之间历史联系的前提下，采取分别整理的方法，以利于档案的保管和利用。

（二）档案整理工作的意义

1. 为实现档案价值创造有利条件

保存档案的主要目的是为社会各项事业及时地、系统地提供档案服务。为了达到这样一个目的，所提供利用的档案必须经过科学的整理。没有经过整理和系统化的档案，就不能充分体现档案的历史记录的特点，不能完整地反映出各项活动的历史联系和本来面貌，就会影响甚至失去档案的利用价值，不便于进一步查考研究问题。档案整理工作的基本目的，是把档案组成一个体系，通过编目使其固定下来，为利用档案提供方便。

2. 档案整理是开展其他档案业务活动的重要基础性工作

档案整理不仅为档案的利用创造了方便条件，而且也为整个档案管理工作奠定了良好基础。在档案管理的诸多环节中，收集工作是起点，提供利用是档案工作的目的，而档案的整理则是承上启下的关键业务。收集或征集来的档案，经过档案整理这个环节，可以进一步了解和检查档案收集工作的质量，对档案收集工作有一定的促进作用。档案在整理过程中，往往是与档案价值的鉴定工作结合进行的，而鉴定档案的价值和划分档案的保管期限，必须对档案进行全面的考察和仔细认真的分析，只有经过系统整理的档案，才能提供这种可能性。经过整理以后的案卷，是档案保管、统计、检查的具体工作对象和基本单位，也使编制档案检索工具与编写参考资料有了主要依据。

3. 档案整理是实现档案管理现代化的要求

采用现代化手段管理档案，要求对档案实体加以整理，使之达到一定的系统化程度。例如计算机库房管理系统、编目系统都需要以档案实体的一定体系为基础，档案数字化、信息化、缩微化更要求档案原件系统有序，以及具有有机联系的档案达到相对集中。档案管理的现代化，也需要以档案的系统整理为基础。

四、档案价值鉴定工作的基本要求与意义

（一）档案价值鉴定工作的基本要求

1. 应从国家和社会的整体利益出发去判定档案的保存价值

档案价值鉴定工作是一项直接关系到一个国家和民族的社会历史记忆能否得到有效维护、传承和保护的重要工作，应从国家和社会的整体利益出发，科学地组织和开展。那种只考虑本单位利益，而忽视国家和社会整体利益的档案价值鉴定思想是十分有害的。因为，每个立档单位之所以会保存档案，其直接的动力来源是为了保障本单位业务工作的可持续进行，留存足够的业务活动证据和法律所要求的证据，同时也为保证本单位业务活动的健壮性，留存那些具有参考价值的文件和记录。

但是，随着时间的流逝和立档单位的业务发展，原来留存的档案可能会逐渐失去证据价值和参考价值，这时立档单位继续保存这部分档案的"源动力"就不存在了。如果一个组织只顾及自身的利益，而缺乏国家、民族的整体利益意识，那么整个国家和社会的历史记忆就会不断流失。为此，在开展档案价值鉴定

工作时，尤其是在对"保存期满"的档案进行"定期鉴定"时，各立档单位和国家档案管理部门只有遵循"从国家和社会的整体利益出发去判定档案的保存价值"的原则性要求，才能保证我们的国家记忆、民族记忆、社会历史记忆的相对完整性，才能保证民族文化的长久传承和发展。

2. 应采用全面的观点指导档案价值鉴定工作

不谋全局者，难以谋一域。所谓用全面的观点指导档案价值鉴定工作，从立档单位角度看，就是在判定档案保存价值时，应全面分析影响档案保存价值的相关因素，综合判定档案的保存价值；从社会角度看，就是在判定档案保存价值时，应避免只从一个机关、一个部门（机构）或个人的需要出发去开展价值鉴定工作，而应从社会的需要出发去开展工作。从档案管理的整体效益角度看，坚持全面的观点开展档案价值鉴定工作，也是实现整个国家档案资源体系建设整体优化目标的需要。如何有效地消除全宗之间的"档案重复留存"问题，关键的解决办法之一就是在档案价值鉴定工作中切实采用"全面的观点"，通过有效的整体控制手段和措施来实现。

用全面的观点指导档案价值鉴定工作，有助于档案价值鉴定人员从整体上把握和认识有关全宗、类别（系列）、案卷的保存价值，避免孤立地判定每一份文件的保存价值。

3. 应采用历史的观点指导档案价值鉴定工作

档案是历史记录，具有鲜明的历史时代性特征。那种只从"现实需要"出发判定档案保存价值的思想和行为，会给人类社会档案记忆的完整性和连续性造成极大的损害。在鉴定档案价值时，坚持历史的观点，就是要根据档案产生的历史条件及其在历史上的作用，科学地评价其对维护人类社会历史记忆的有用性，确定其保存价值。在档案价值鉴定工作实践中，坚持历史的观点，就必须坚决反对片面的实用主义观点。

4. 应采用发展的观点指导档案价值鉴定工作

按照发展的观点开展档案价值鉴定工作，就是要充分考虑到档案保存的未来意义。档案的保存不仅是现实社会存续和发展的需要，也是子孙万代生存与发展的需要。档案价值鉴定工作人员应具有一定的预测未来社会发展需要的能力。随着数字时代的到来，一些在纸质档案占统治地位的时代被鉴定为"保存价值不大"的文件和记录，其数字形态的记录却因为蕴含着丰富的、可供分析和加工的"数据"和"信息"，而成为一种非常具有留存价值的资源。所以，那种简单地认为"纸质文件和记录"与"电子文件和记录"的保存价值相同的观点和做法，是非常武断和有害的。正确的做法是：纸质档案按传统的价值鉴定标准去判定其保存价值；数字档案（电子档案）的价值鉴定标准则应重新确立。

5. 应采用科学的效益观点指导档案价值鉴定工作

对于纸质档案等传统载体形态档案的价值鉴定，必须考虑立档单位和国家档案管理部门的保存能力。那种认为只要文件和记录具有些许利用价值就应作为档案加以保存的思想观念，不仅脱离实际，还会劳民伤财。为此，开展档案价值鉴定工作时，鉴定人员应对列入保存范围的文件和记录的利用价值和利用效益进行充分地预测和评价。只有当档案发挥作用所带来的经济效益和社会效益大于我们所付出的管理成本时，才能认为档案是具有保存价值的。当然，单纯的"效益"观点（即只评价档案保存的经济效益，却忽略档案保存的社会效益的观点），在档案价值鉴定中也要坚决避免。

（二）档案鉴定工作的意义

档案鉴定是决定档案存毁的关键一环，对文件进行价值分析并确定保管期限，并将到期的档案剔除销毁，是档案管理工作中最具有决定意义的一环。具体可以归纳为以下三方面。

1. 便于档案查找利用

档案的鉴定，就是解决庞杂与精练之间的矛盾，是对档案"去粗取精"的工作。档案是社会实践活动的产物，随着时间的推移，档案与日俱增，数量不断增多，致使档案日益庞杂，这就影响了查找利用的效率。而档案保管限于库房等物质条件的限制，又要求保管的档案数量越精越好。档案是保存下来的宝贵财富，其价值是不同的，有的大，有的小，有的可能短时期内有用，有的可能长久有用，而人们利用的都应是有价值的档案。如果不经过鉴定，不剔除无价值的档案材料，那么大量的有价值的档案材料就会埋没其中，严重影响档案的查找利用。开展档案鉴定工作，目的是解决档案日益庞杂与保管精练之间的矛盾，便于档案查找利用。

2. 节约保管成本，提高工作效率

保存档案也要讲究效益问题，档案保管是需要大量人力物力的，档案数量越多，需要的保管成本就越高。因此为了降低保管成本，就必须对不断产生的新档案材料以及保管期满的档案进行价值鉴定，将无保存价值的和已经失去保存价值的档案清理出去，精简库存档案，玉石区分，节约保管成本，提高工作效率。

3. 便于安全管理，应付突发事件

档案鉴定就是将无价值的档案材料剔除出去，一方面节约了保管成本，腾出库房和装具去妥善保管有价值的档案材料；另一方面又明确了档案的价值，主次分明，日常管理时就很容易确定保管的重点，便于安全管理，应付突发事件。比如遇到水灾、火灾、地震等天灾人祸时，就能很快确定抢救重点，及时抢救和转移价值大的档案资料，减少损失。否则，就会因档案资料主次不明，数量庞大，感到束手无策，不知先抢救哪些，其结果只能是"玉石俱焚"，造成更大的损失。

4. 档案鉴定是提高管理效益的科学措施

档案的鉴定工作就是通过对档案的不断筛选，去芜存菁，使保存的档案得以精练，便于保管和利用。保存精选的档案，在提供利用时可免"沙里淘金"的查找之苦；有助于集中人力、物力改善保管条件；遇到突发事件，如水灾、火灾、地震、战争等，便于迅速抢救和转移重要档案。

五、档案保管工作的基本要求与意义

（一）档案保管工作的基本要求

1. 注重日常管理工作

为了保持档案库房管理的稳定、有序，我们应注重建立健全管理规则和制度，加强日常管理。在库房管理中要做到：归档和接收的案卷及时入库；调阅完毕的案卷及时复位；定期进行案卷的清点和检查，发现问题后及时处理。只要持之以恒地坚持严格的日常管理，就能保证库房内档案的良好状态。

2. 预防为主，防治结合

在档案保管工作中，保护档案实体安全的方法概括起来主要有两类：一是如何预防档案实体损坏的方法；二是当环境不适宜档案保管要求时或当档案实体受到损坏后如何处置的方法。在归档或接收的档案中，实体处于"健康"状态的档案占绝大多数。因此，在档案保管工作中，要积极"预防"档案受到各种因素的影响与破坏。预防不良因素的破坏是主动治本的方法。我们应该采取各种措施，确保这些档案的长期安全。同时，还应该通过加强日常管理和检查，及时发现档案实体出现的"病变"情况，以便于迅速地采取各种治理措施，阻断或消除破坏档案的有害因素，修复被损害的档案，使其"恢复健康"。预防为主，防治结合，才能全面保障档案实体的安全。

3. 重点与一般兼顾

由于档案的价值不同，保管期限长短不一，所以，在管理过程中，我们应该掌握突出重点、兼顾一般的原则。对于单位的核心档案、重要立档单位的档案、需要长久保存的档案，应该加以重点保护，尽量延长档案的寿命。同时，对于一般性、短期保存的档案也要提供符合要求的保管条件，确保其在保管期限内的安全和便于利用。

4. 管理与技术相结合

档案保管工作要有效开展，管理和技术二者缺一不可，二者从不同层面上维护着档案的安全和完整。管理和技术在应对威胁档案安全的不同风险因素中，各自发挥着不可替代的作用。比如：由于人为因素对档案造成破坏的，需要靠管理制度来约束，单纯的技术是难以发挥作用的；而对于不可控的自然因素对档案带来的破坏，必须利用先进的技术来应对。因此，片面强调管理，或者片面强调技术都是不科学的。同时，无论是管理还是技术，都不是一成不变的。管理的理念、方式需要不断科学化、合理化，技术手段需要不断现代化，以确保管理和技术成为档案保管工作科学发展的双翼。

5. 不同的档案，区分保管

在档案保管中，不能采取"一刀切"的模式来管理全部档案。为了实现对档案的合理保管，对于不同价值的档案，应区别对待。所谓不同的档案，主要是从档案的保存价值、保管期限以及载体等方面加以区分的。区分保管不同价值、不同保管期限的档案，有助于实现档案保管工作稳定有序地开展。尤其是随着社会科学技术的飞速发展，不同载体的档案大量产生，不同载体记录信息的结构、原理不同，其保管要求也各不相同。因此，不同载体的档案，也应区分保管。

（二）档案保管工作的意义

档案保管工作质量的高低对档案管理水平具有重大的影响，甚至在一定的条件（如涉及档案存毁安全问题）下具有决定性的影响。档案保管得好，就为整个档案工作的进行提供了物质对象，提供了一个最起码、最基本的物质前提。反之，如果档案保管工作做得不好，或者不能有效地延长档案的寿命，甚至损毁殆尽，那就会使整个档案工作丧失最起码、最基本的物质条件。工作对象一旦丧失，整个档案工作也就随之失去其存在和进行的基础。若档案保管得杂乱无章，失密泄密，也会影响整个档案工作的秩序。

六、档案编研工作的基本要求与意义

（一）档案编研工作的基本要求

档案编研工作是一项政治性、科学性很强的工作，需要有高度的政治责任心和实事求是的科学态度，严肃认真，一丝不苟。具体要求包括以下内容。

1. 政治方向正确

古往今来，档案编研工作总是带有一定的政治倾向。现在的档案编研工作要体现为社会主义现代化建设事业服务的宗旨，坚持辩证唯物主义和历史唯物主义的思想方法，维护党和人民的根本利益，符合党和国家的方针、政策、法律，注意保守党和国家的机密。

2. 史料真实

编研过程中选用的档案史料必须正确、客观地反映历史事实，这是检验编研成果质量能否经得起历史考验的关键所在。档案编研工作必须对档案材料进行认真的核实考证，去伪存真。切忌不加考证地盲目使用档案史料，造成以讹传讹和鱼目混珠。

3. 内容充实

档案编研成果能否受到社会的欢迎和重视，主要取决于它是否有丰富充实的内容，能否完整地反映有关事物的发生、发展、变化和终结的全部过程。因此就需要将与题目有关的档案材料收集齐全，尽量选用并组成能反映题目内涵的完整材料。

4. 体例系统

体例上的系统是指将档案材料按其内在联系，组成一个有机整体。在内容上条理分明、前后联系、合乎逻辑；在编排体例上科学地划分章节或分类，结构严谨，形成体系。

（二）档案编研工作的意义

1. 档案编研工作是提供利用服务的一种方式

档案工作人员把具有研究价值和实用价值的档案信息编辑、加工后，推荐、分发给有关利用者使用或公开出版，使馆外利用、异地利用成为可能，这有利于更加广泛地发挥档案在各项事业中的作用，对于实现档案信息资源共享也是十分有益的。

2. 开展档案编研工作是提高档案室（馆）工作水平的一个重要途径

档案室（馆）搞好档案的收集、整理、编目等基础工作是开展编研工作的前提，而在档案编研过程中大量调阅档案，又可对档案室（馆）的基础工作起到全面检验的作用。档案编研工作要求档案工作人员具有较高的知识水平，可以促进档案干部队伍素质的提高。档案编研工作向社会各界和本单位提供了系统的档案信息服务，有助于扩大档案工作影响，赢得社会各方面对档案工作的重视和支持。

3. 开展档案编研工作是保护档案原件和长远流传档案史料的一种措施

档案编研成果不仅有积累史料、传播文化的作用，而且可以代替档案原件提供，从而保护了档案原件并使之延长自然寿命。将档案文献汇编出版，分存于各处，即使原件遭到损毁，档案的内容也可长久流传。

七、档案利用工作的基本要求与意义

（一）档案利用工作的基本要求

档案利用工作的基本要求是档案室（馆）应当为档案的利用创造条件，简化手续，提供方便，主动开展档案的利用活动，及时掌握档案的利用效果，加大宣传力度。具体要求包括以下四点。

第一，档案工作者要不断提高自身的素质，主动、及时开展档案利用工作。

第二，不断完善档案服务方式和手段。

第三，掌握本单位、本地区近期的重点工作、重大活动，据此开展档案利用工作。

第四，加强档案的宣传力度，增强全社会的档案意识，促进利用。

（二）档案利用工作的意义

档案利用工作的意义，主要表现在以下四方面。

第一，档案利用工作是发挥档案作用、实现档案价值的主渠道，是档案工作为社会主义现代化建设服务的直接手段。

第二，档案利用工作是档案工作联系社会的一个窗口。

第三，档案利用工作可以推动档案基础业务建设，提高档案工作水平。

第四，档案利用工作可以促进档案工作人员业务进修学习，提高档案干部队伍素质和工作能力。

八、档案统计工作的基本要求与意义

（一）档案统计工作的基本要求

1. 可量化性

统计是以数字来量化反映统计对象现状的。档案统计工作中，实施统计的重要领域及其重要因素必须是可进行量的描述与量化研究的。否则，档案统计工作会成为一般的档案登记工作。

2. 连续性

为达到统计工作的目的，保证统计数字的准确性和统计工作的质量，档案统计工作必须连续进行，对有关内容的统计一定要有始有终，不能间断。只有保持连续性，档案统计工作才能对档案现象的发展变化进行历史的、系统的、全面的反映和概括分析，也才能保证统计工作的质量，达到统计工作的目的。

3. 目的性

档案统计工作是为了一定的目的进行的，不是为统计而统计。如果没有明确的目的性，统计工作就会失去意义，也不容易坚持下去。因此，确定档案的统计项目，要依据本单位的实际情况，兼顾需要和可能，如单位大小、档案多少、管理状况和利用状况质量高低等有目的地、实事求是地开展本单位的档案统计工作。

4. 法治性

现代是法治社会，任何工作都要依法办事，档案工作也不例外。档案统计也要纳入法制建设的轨道，因为目前实际工作中仍然存在统计违法行为，如为夸大成绩或掩盖失误而虚报、瞒报、伪造和篡改统计数据的现象屡屡发生。因此，档案统计也要加强执法力度，才能使档案统计工作顺利开展，真正发挥档案统计工作的作用。

统计工作的目的不是为了取得统计数字，而是要对统计数字进行分析、研究，从中寻找事物发展变化的规律。对档案统计所取得的原始数字进行周密分析和研究，根据档案现象在一定时间、地点和条件下的具体数量关系，揭示档案及其管理工作中的内在联系和矛盾，从中总结经验，发现问题，分析矛盾，探索规律，从而改进档案工作，提高管理水平。

（二）档案统计工作的意义

1. 档案统计工作是认识档案工作的一种重要手段

档案工作中诸多现象的发展过程、现状和一般规律，通过档案统计，让人一目了然。而且正是这种长期、系统的积累资料的工作，为档案管理研究和综合统计，以及为人们加深对档案工作的认识提供了可能。

2. 档案统计工作是科学管理档案的基础

从档案统计工作来看，国家档案事业的方针政策规划、法规制度的制定都离不开档案统计工作，统计工作提供的大量信息可以对档案事业进行指导、监督，协助理顺档案事业各方面的关系。如果没有档案统计工作提供的大量数据和信息，档案管理只能是盲目的管理；没有档案统计工作的指导，档案服务利用只能是被动的服务。

科学管理档案不仅要定性分析，也要定量分析，两者结合才能实现科学管理，提高档案管理水平，以更好地指导档案实践工作。做好档案统计工作，可以为定量分析提供必要的数据。

3. 档案统计工作是提高档案学研究水平的重要保证

档案统计是档案学发展的一个表现。以前档案学研究比较偏重于用社会科学的方法进行研究，随着科学技术的发展，档案学也逐渐开始运用自然科学、技术科学和管理学的方法来研究，由定性研究逐渐转变为比较关注定量分析研究。因此，只有加强档案统计，认真分析，才能促进档案学的发展。

4. 档案统计是使档案工作保持良性运行的重要保证

从系统论的角度来看，档案工作是由档案实体管理、档案信息开发和档案反馈信息处理三个子系统组成的，档案统计工作就相当于档案反馈信息处理系统，统计得来的具体数据，直接反映了档案工作各方面的实际情况和水平，这是非常重要的。它可以提供正确的决策依据并监督指导档案工作，从而保证档案工作处于良性运行状态。

要了解档案用户的需求和档案业务工作的现状、水平、成绩和不足，都离不开反馈信息的处理。而这主要是通过统计工作来实现的。比如要了解档案用户的需求，就要通过调查研究得到大量的数据资料，然后对这些数据资料进行及时的整理、分析，就可以总结出档案用户的需求情况等。

第三节　档案管理工作的组织体系与制度建设

档案管理工作必须在合理、科学的组织体系下才能沿着正确的道路前行。在我国，档案管理工作的组织体系由档案室、档案馆、档案行政管理部门、新型档案机构以及其他辅助性机构共同构成。此外，制度建设也是档案管理工作的重要组成部分。

一、档案管理工作的组织体系

（一）档案室

1. 档案室的性质

档案室是各组织（包括机关、团体、学校、工厂、企业、事业单位等，下同）统一保存和管理本单位档案的内部机构，是整个机关的组成部分，属于单位管理和研究咨询性质的专业机构。党、政、军等机关单位的档案室又是机关的机要部门之一，具有机要部门性质。从全国档案管理工作来说，档案室又是国家档案管理工作组织体系中最普遍、最基层的业务机构，应向各级国家档案馆移交具有长远保存价值的档案。

2. 档案室的地位和作用

（1）是不可缺少的内部组织机构

档案室是机关、团体、企业、事业单位内具有参谋和咨询作用的部门，是机关工作的助手。档案室为机关的领导工作和机关内各部门的工作提供参考和可依据的档案材料，为机关的工作和生产活动服务。它是提高机关工作效率和工作质量的必要条件，是维护机关历史面貌的重要机构。

（2）是整个档案管理工作的基础

档案室是国家全部档案不断丰富的源泉，整个国家档案的完整程度和连续积累首先取决于档案室。在全国档案工作组织体系中，档案室是档案形成后首先提供资料、发挥现实作用的前哨。档案室中具有长远利用价值的档案最终要转移到档案馆，因此，档案室档案管理工作的好坏直接关系到档案馆档案质量的高低。

3. 档案室的职责

档案室的职责包括以下内容：

第一，贯彻执行有关法律、法规和国家有关方针、政策，建立、健全本单位的档案管理工作规章制度。

第二，指导本单位文件、资料的形成、积累和归档工作。

第三，统一管理本单位的档案和相关资料，定期把具有长远保存价值的档案向有关档案馆移交。

第四，监督、指导所属机构的档案管理工作。

（二）档案馆

1. 档案馆的性质

档案馆属于党和国家的科学文化事业机构，是永久保管档案的基地，是科学研究和各方面工作利用档案史料的中心。我国大多数档案馆是统一保管党组织和政府机关档案的管理部门，所以它既是党的机构，又是政府机构。根据有关文件的规定，各级档案馆是各级党委和人民政府的科学文化事业机构。

2. 档案馆的主要职责

档案馆主要承担下列工作任务：

第一，收集和接收本馆保管范围内对国家和社会有保存价值的档案。

第二，对所保存的档案严格按照规定整理和保管。

第三，采取各种形式开发档案资源，为社会利用档案资源提供服务。

3. 档案馆的类型

档案馆的类型主要有以下四种：

（1）综合档案馆

综合档案馆是按照行政区划或历史时期设置的管理规定范围内多种门类档案的具有文化事业机构性质的档案馆。在这类档案馆中，有按照行政区划设置的，如四川省档案馆、北京市档案馆等；有按照历史时期设置的，如中国第一历史档案馆、中国第二历史档案馆等。

（2）专业档案馆

专业档案馆是管理特定范围内专业档案的档案馆，它可以按照载体形态设置，也可以按照某一专门领域设置。在这类档案馆中，有按照载体形态设置的，如中国电影资料馆、中国照片档案馆；有按照某一专门领域设置的，如吉林省地名档案资料馆。

（3）城市建设档案馆

城市建设档案馆是以城市为单位建立，接收、保存城市范围内于城市规划、建设、维护、管理活动中形成的需要长远保存的档案的科技事业单位。根据国家要求，我国20万以上人口的大中城市必须建立城市建设档案馆，如成都市城市建设档案馆。

（4）部门档案馆

部门档案馆是专业主管部门设置的管理本部门及其直属机构档案的档案馆。如中华人民共和国外交部档案馆等。

（三）档案行政管理部门

1. 档案行政管理部门的性质

档案行政管理部门是具有政府行政管理职能的档案事业管理机构。档案行政管理部门本身并不直接管理档案，它是监督、指导和检查档案管理工作的行政机关。

2. 档案行政管理部门的地位和作用

档案行政管理部门是我国档案管理工作组织体系中的行政系统，是国家档案事业的组织和指挥中心。国家授权各级档案行政管理部门管理国家档案事务，它在整个档案事业发展中起着决策、规划、组织、协调、监督、指导和检查的作用。

3. 档案行政管理部门的类型

（1）国家档案局

国家档案局是国务院直属的掌管全国档案事务的职能机构。

（2）地方档案局

地方档案局是各省（自治区、直辖市）、市（地区、自治州、盟）、县（区、旗）人民政府直接领导的掌管本行政区划内档案管理工作事务的职能机构，它在业务上受上级档案局指导。

（3）档案处（科）

中央和地方专业主管机关及军队系统都设有档案处（科），负责对本系统各单位档案管理工作进行监督、指导和检查。它们在业务上受国家档案局统一指导，地方专业主管机关的档案管理工作以受地方档案局业务指导为主，同时接受上级专业主管机关的业务指导。

（四）新型档案机构

最近几年，我国出现了一些新型档案机构，其中较为突出的是文件中心、档案寄存中心、现行文件中心和档案事务所（也称档案咨询中心）。在这些机构中，除个别文件中心外，一般都属于商业化的档案中介机构。

1. 文件中心

文件中心是一个社会化、集约化和专业化的档案管理机构。文件中心不同于档案室，并不是一个单位内部的档案管理机构，而是介于单位和档案馆之间的一种过渡型档案管理机构。随着我国档案管理体制改革的深入，这种类型的档案管理机构将会得到进一步的发展。

2. 档案寄存中心

档案寄存中心是由国家综合档案馆设立的，为各类企业、社会组织以及个人提供文件与档案寄存服务的机构。档案寄存中心主要为不具备充分保管条件的企业单位、破产单位、社会团体、公民个人等提供文件与档案的寄存服务。档案在寄存中心保存期间，所有权形式不变。档案寄存中心一般只提供安全保管服务。

3. 现行文件中心

现行文件中心是指在档案行政管理机关的管理下，收集行政机构的现行文件，为社会各界查询、了解政府在社会管理事务方面的现行政策、规定，提供政务信息服务的内部机构。现行文件中心是一种宽泛的称谓，在我国档案界开展现行文件服务的过程中，称呼也各不相同，如现行文件查阅服务中心、文档资料服务中心、文件资料服务中心、现行文件阅览室等。

4. 档案事务所

档案事务所是指提供档案事务服务的一种商业性档案服务机构，是一种独立经营、独立核算、自负盈亏的企业单位。档案事务所的业务范围主要是开展档案业务的指导、咨询以及各种档案的劳务性服务（如技术示范，承揽档案整理、修复、数字化加工，档案文化建设，档案管理软件订制业务等）工作。

（五）档案管理工作的辅助性机构

档案管理工作的辅助性机构主要有以下三种：

1. 档案专业教育机构

档案专业教育机构是为档案管理工作培养和输送合格的档案专业人才的机构。这些机构主要有综合性大学内设置的档案学院、系、专业，以及档案中等专业学校和档案行政管理部门设置的档案干部培训中心等。

2. 档案科学技术机构

档案科学技术机构是研究档案学基础理论和档案管理工作应用科学技术的机

构。这些机构主要有档案行政管理部门设置的档案科学研究所、综合性大学设置的档案学研究室，以及中国档案学会及其在各省、市的分会等。

3. 档案宣传、出版机构

档案宣传、出版机构是通过各种宣传工具和出版物，宣传档案管理工作、传播档案知识的机构。这些机构主要有国家档案局的档案出版社，以及各级档案部门创办的档案刊物杂志社等。

二、档案管理工作的制度建设

（一）制度种类

1. 工作规章

（1）明确文件形成、归档责任

机关、企事业单位在制定有关规章、标准和制度时，应提出相应的文件收集、整理和归档的责任要求。

（2）制定档案管理工作规定

档案管理工作规定是本单位档案管理工作的基础，其主要内容应包括档案管理工作原则及管理体制，文件的形成、积累与归档职责要求，档案收集、整理、保管、鉴定、统计、利用要求等。

（3）建立档案管理工作责任追究制度

对相关岗位人员违反文件收集、归档等档案管理制度，发生档案泄密及造成档案损毁等的行为，单位应提出责任追究和处罚措施，并将有关要求纳入相关管理制度。

（4）制订档案管理应急预案

对可能发生的突发事件和自然灾害，应制定档案抢救应急措施，包括组织结构、抢救方法、抢救程序、保障措施和转移地点等。对档案信息化管理软件、操作系统、数据的维护、防灾和恢复，应制订应急预案。

2. 管理制度

管理制度用来明确档案管理工作业务环节及重要专项工作管理的基本要求，主要包括以下八项制度：

（1）文件归档制度

应明确文件归档范围及保管期限、归档时间、归档程序、归档质量要求。

（2）档案保管制度

应明确各门类档案保管条件、特殊载体档案保管方式、档案清点检查办法、对受损档案的处置办法、档案进（出）库要求、库房管理要求和库房管理员职责。

（3）档案鉴定、销毁制度

应明确鉴定、销毁工作的组织、职责、原则、方法和时间等要求。

（4）档案统计制度

应明确统计内容、统计要求和统计数据分析要求。

（5）档案利用制度

应明确档案提供利用的方式、方法，规定查（借）阅档案的权限和审批手续，提出查（借）阅档案的要求。

（6）档案保密制度

应明确档案形成者、档案管理者、档案利用者应承担的保密责任。

（7）电子档案管理制度

应对本单位各信息系统中形成的电子文件提出归档、管理和利用要求。

（8）档案管理系统操作制度

应明确档案管理系统操作人员的职责，以及档案管理系统软件、硬件的操作要求。

3. 业务规范

业务规范主要用来明确不同门类和载体形式的档案管理的基本要求，主要包括以下四种：

（1）文件档案整理规范

应明确文件整理与档案整理原则、整理方法、档号编制要求和档案装具要求等。

（2）档案分类方案

应明确分类原则、依据、类别标识、类目范围等。

（3）文件归档范围和保管期限表

应明确各类文件归档的范围及其相对应的保管期限。

（4）特殊载体档案管理规范

应明确不同载体档案的收集、整理要求和保管条件。

（二）制度建设要求

1. 切合实际

制定档案管理工作规章制度应以管得住、易操作为原则，不必一味求大求全。就规章制度类别来看，工作规章是一个单位依法开展档案管理工作的根本依据，其基本要求应当被纳入单位的规章制度及考核内容中。而管理制度和业务规范既是工作依据，又指导实际操作，着重解决"做什么"和"怎么做"的问题，应当根据一个单位档案管理工作的具体情况制定。如收集、整理、归档、保管、利用、安全保密等工作是档案业务的重要环节和要求，关系到档案的完整、系统和安全，有必要通过制度来明确责任和工作流程，成为各部门、处室共同遵守的行为准则。因此，这些是开展档案管理工作必须建立的工作制度。又如档案检索、统计、编研等业务工作主要由档案机构专职人员承担，对一个单位的其他部门和人员来讲不具有普遍约束力。因此，可根据单位性质、规模等具体情况选择制定，或纳入档案管理工作规定中一并制定。再如特殊载体档案、专门档案等有其管理的特殊要求，应当结合本单位档案分类方案及业务活动实际分门别类，逐步建立、健全相关制度，确保不留管理空白。

2. 保持相对稳定

档案管理工作规章制度具有稳定性特点，尤其是涉及文件和档案整理等方面要求的，如档案分类方案、归档文件材料整理规范等，一旦作为工作制度确立下来，短时间内不要轻易改变；否则容易造成档案分类和文件整理标准前后不一致，给今后的档案调阅和查考带来不便。

3. 适时修订完善

随着国家新标准、新规范的出台以及档案行政规范性文件有效期届满修订等工作的开展，尤其是信息技术的发展和无纸化办公的普及，对电子文件归档管理、电子档案管理、传统载体档案数字化、档案信息安全保密等工作提出了新要求。因此，档案管理工作制度也必须适应新形势新要求，适时调整和补充完善。

第二章

档案管理工作的主要内容

第一节 档案的收集与整理

一、档案室的收集工作

档案室的收集工作包括接收本单位归档的文件和收集未及时归档的平时文件两个方面的内容。其中，文件归档是档案室收集档案的主渠道，平时文件收集则是一种补充形式。

（一）文件归档

各单位在工作活动中产生的文件材料办理完毕后，不得由承办部门或个人分散保存，必须由文书部门或业务部门系统整理，定期移交给本单位档案室集中管理，这就是归档。在我国，归档是国家明文规定的一项制度，并且以法律的形式固定下来，这就是通常所说的归档制度。归档制度是档案室收集工作的重要内容和最基础的工作，建立健全归档制度能够确保档案室档案来源的连续性，为国家积累档案财富提供重要保证。

1. 归档范围

归档范围是指办理完毕的档案文件应该归档的范围。决定文件是否应该归档的因素主要是档案文件本身的保存价值。以下四种档案文件都属于归档范围。

第一，能反映本机关历史发展情况，以及本机关的主要职能活动，并且对本机关的工作具有利用价值的文件材料。

第二，在机关工作活动中形成的，在维护国家安定、公民权益等方面的凭证性文件材料。

第三，本机关需要执行的上级机关、同级机关的文件材料，以及下级机关报送的重要文件材料。

第四，其他对本机关工作具有参考价值的文件材料。

不属于归档范围的文件材料，主要包括以下八种。

第一，备份的文件材料，如国家相关机关印发的文件，本单位内凡有备份的，均由主管单位负责归档，其余可不必归档。

第二，一般事务性，且没有保存价值的文件材料。

第三，未经会议讨论，未经领导审阅、签发的文件材料。

第四，未成文的草稿，以及经过多次修改的修改稿。

第五，与本机关、单位业务无关的由主管机关和非隶属机关发来的文件材料。

第六，本机关领导兼任其他机关职务期间形成的文件。

第七，一般人民来信。

第八，法律规定的不得归档的文件材料。

总之，确定归档范围的一般原则是：归档文件必须具有一定的保存价值，必须符合各机关文件材料的实际状况。各机关和单位应根据国家的统一规定和要求，确定本机关归档和不归档文件材料的范围。

2. 归档时间

归档时间是指文书处理部门或业务部门将需要归档的文件材料向档案室移交的时间。

某些具有一定专业性的文件可以另行规定合适的归档时间。如会计档案在会计年度终了后，可暂由会计机构保管一年，期满后，应当由会计机构编制移交清册，移交本单位档案机构统一保管；学校档案应当在次学年6月底前归档；磁带、照片及底片、胶片、实物等特殊载体则应在工作结束后及时归档，或和相应内容的纸质载体同步归档等。在这些文件中，科技文件的归档不同，它没有固定的归档时间，主要根据科技文件材料的不同类型和特点、不同的形成规律和利用需求来确定合适的归档时间。一般来说，有定期归档和实时归档两种。定期归档可分为按项目结束时间归档、按子项目结束时间归档、按工作阶段归档、按年度归档四种；实时归档适用于机密性强的科技文件材料和外来材料（外购设备的随机图纸、文字说明，委托外单位设计的文件材料等）。

3. 归档文件的质量要求

根据规定，应该从以下十一方面检查归档文件的质量。

第一，归档的文件应齐全、完整，每份文件不缺张少页。。

第二，遵循文件的形成规律，保持文件之间的有机联系，区分不同价值，便于保管和利用。

第三，卷内文件经过系统整理和编目。

第四，案卷封面填写清楚，案卷标题准确，案卷排列合理，编号无误。

第五，编制了完整的案卷目录和相关文件。

第六，对已破损的文件应予修整，对字迹模糊或文件载体存在质量隐患的文件应予复制。

第七，归档文件所使用的书写材料、纸张、装订材料等应符合档案保护要求。

第八，在文书档案文件组卷时，一般应将文件按年度分开，不同年度形成的文件一般不可放在一起组卷。但是，跨年度的请示与批复，应放在批复年度立卷，没有批复的，放在请示年度立卷。

第九，录音带、录像带、影片、照片等特殊载体的文件，应同纸质文件进行统一整理、编目，但要分别存放，在案卷目录上要注明互见号，以保持文件间的历史联系，便于查找利用。

第十，绝密文件和绝密电报应该单独立卷（少量普通文电如与绝密文电有密切联系，也随同绝密文电一起立卷）。

第十一，对于不同保存价值的文件，应当分开组卷，以便日后向档案馆移交，防止拆卷重组问题的发生。

（二）平时文件收集

平时文件收集是指档案室在执行归档制度之外对零散文件的收集。

1. "账外"文件的收集

"账外"文件是指未经单位文书部门登记入账，在收发文登记簿上无"账"

可查的文件。"账外"文件主要有：本单位召开的各种会议文件材料；本单位领导人和业务人员外出开会或参观学习考察等活动中获取的文件材料；外单位直接寄发给领导人"亲启"的文件或直接给部门和有关人员的文件材料；本单位内部各种规章制度、统计数字材料等。

2. 专业文件的收集

专业文件是指在各项专业活动中形成的文件和特殊载体的文件材料。档案室在重视对文书档案、科技档案收集的同时，还应重视对各种专业文件的收集；在重视对纸质文件收集的同时，还应健全归档制度，重视对音像等其他载体文件的收集，确保档案室保存的文件门类齐全。

3. 零散文件的收集

零散文件的形成原因主要有两个：一是某些单位由于归档制度未建立或归档制度执行不严，致使文件材料分散保存在内部机构、领导人或业务人员手中，特别是未经收发室登记的文件和某些内部文件；二是由于机构调整、人员变动或发生搬迁、灾害等特殊情形，使归档文件不齐全、不完整。

二、档案馆的收集工作

档案馆作为国家的文化事业机构，是集中保管国家重要档案的基地，是社会各方面利用档案信息资源的中心。因此，它必须要以拥有丰富、优质的馆藏档案和资料为基础。做好档案的接收与征集工作是档案馆工作中一项非常重要的内容。

（一）档案馆档案接收的范围

档案馆接收档案的范围包括以下三方面。

第一，本级各机关、团体及其所属单位具有永久保存价值的档案，省（自治区、直辖市）、市（地区、自治州、盟）、县（区、旗）档案馆同时接收长期保存的档案。

第二，属于本馆应接收的撤销机关、团体的档案。

第三，属于本馆应接收的中华人民共和国成立以前的各种档案。

对于第一条所列"本级各机关、团体及其所属单位"中的所属单位，在具体接收时要明确规定接收到哪一级所属单位。目前，一般只接收到二级单位，档案馆各方面条件具备也可以接收到所属的基层单位。比如省、市档案馆，按规定应接收省（市）直属机关、团体、企业、事业单位的档案。如果接收到二级单位，就可以接收省直机关所属的公司（如百货公司、五金交电公司、服务公司、食品公司等）的档案。如果接收到所有的隶属单位，就要接收各公司所属的工厂、商店的档案。

组织关系在地方，属于地方和上级主管部门双重领导的单位形成的、以反映地方某项事业或建设活动为主的档案，经有关方面协商，也属于第一条的接收范围。

另外，集体所有制单位和典型私营企业形成的有进馆价值的档案和著名人物档案，经协商同意，也属于第一条的接收范围。

（二）档案馆档案收集的要求

为保证接收工作的顺利进行，档案馆在接收档案时，一般应符合以下要求。

1. 档案整理编目规范

档案由有关单位收集齐全，并按规定进行系统整理。

2. 档案收集完整

进馆档案应按全宗整理，保持全宗的完整性。一个全宗范围内文书档案、科技档案、音像档案和实物等各种门类和载体的档案应作为一个整体，统一移交给一个档案馆。

3. 档案检索工具齐全

接收立档单位档案的同时，应将其编制的组织沿革、全宗介绍、案卷目录等有关检索工具以及与全宗相关的各种资料一并接收。

4. 限制利用意见明确

对自形成日期起满 30 年仍能对外开放的档案，各有关单位应在移交时提出明确的控制利用意见。政府信息公开部门应对移交档案中涉及政府信息的，书面告知其原有公开属性。

5. 清点核对手续完备

档案移交时，交接双方必须根据移交目录清点核对无误，并在交接文据上签字盖章，一式两份，分别由双方单位保存。

（三）档案馆档案收集的任务

1. 现行机关档案的收集

按照规定，现行机关档案中具有长远保管意义的部分，需要定期向档案馆移交。接收现行机关档案室移交的档案，是各级档案馆的经常任务。

在对现行机关档案的接收时间上，档案馆接收现行机关保管期满的档案时，有逐年接收和分段接收两种办法。逐年接收就是每年对现行机关保管期满的档案接收一次；分段接收就是要隔一定时期（如 3 年、5 年）对现行机关保管期满的档案接收一次。一般用后一种办法为宜。

现行机关档案产生和形成的档案文件数量多、完整、系统，并且具有连续性。收集这些档案时，应满足以下要求。

按规定向档案馆移交的档案，应该收集齐全（与档案有关的资料、立档单位的组织沿革、全宗指南及有关的目录、索引等检索工具，随同档案一并接收），并按全宗作为一个整体归入档案馆，不得随意分散。

进馆的档案必须真实，凡有疑点的档案，都要尽可能加以考证，如果一时难辨清楚，也要存疑，予以证明。

在接收档案过程中，除了履行必要的交接手续以外，在档案进馆前还应做好案卷的检查验收，具体可以按照自检、互检及检查小组检查接收的步骤进行。

馆藏档案内容除具有普遍性特点以外，还必须反映本地区的特点，有独到的地方特色。各省（自治区、直辖市）档案馆的馆藏内容，有别于其他省（自治区、直辖市）的鲜明地方色彩。要把带有地方特点的档案，作为接收的重点，以防止档案内容的大量重复。

现行机关移交档案时，必须根据移交目录，同接收档案的档案馆一起清点核对，并在交接文据上签字盖章，以便明确交接双方的责任，保证进馆档案的完整齐全。

2. 撤销机关档案的收集

撤销机关是指中华人民共和国成立后，由于政权变更、体制改革、行政区划调整等原因而被撤销合并的机关、团体、企业、事业单位及其他社会组织。档案馆按国家规定接收这类机关、团体、组织的档案，也是档案馆档案收集的重要任务。

撤销机关档案，具有分散、整理不系统及存在尚未办理完毕的文件等方面的特征。为此，档案馆在接收撤销机关的档案时，除了应按接收现行机关档案的要求对所接收的档案进行检查外，还应注意以下问题。

第一，机关撤销或合并时，严禁将机关在历史活动中形成的文档予以分散、损毁、丢弃，而应将全部档案进行认真清理、鉴定，并妥善保管，之后按照国家相关规定，将这些档案移交相关档案馆进行管理。

第二，当某个机关被撤销，其业务被划归到其他几个机关时，也不能将这个撤销机关原本留存的档案文件予以分散，而应将其视作一个有机整体妥善保管。然后由相关的单位通过协商的方式处理这些档案，当然也可以将其交给某个接管机关代管，或移交相关档案馆。

第三，当某个机关并入另一个机关，或几个机关合并为一个新的机关时，应按机关将其档案分别组成一个个有机整体，然后分别向有关档案馆移交，而不能将这些合并前的机关档案与合并后形成的档案混合在一起。假如接管撤销机关职能的机关，因为工作需要，可以在征得有关档案管理机关同意后，暂时代管撤销机关的档案。代管过程中一定要注意不要将撤销机关的档案与本机关的档案混淆，以便日后能清楚明白地将撤销机关的档案移交有关档案馆。

第四，机关撤销或合并时，假如存在还没有办理完毕的档案文件，应将这些文件转交给继承原机关单位职能的有关机关进行后续档案的处理。

3. 二、三级单位形成档案的收集

根据要求，各级人民政府的直属工作部门所属的独立分管某一方面工作或从事某项事业的行政管理机关和企事业单位，以及有代表性的第二、第三级单位形成的档案应向各有关档案馆移交。档案馆在接受这些档案时需要注意以下两方面的问题。

一方面是避免不分重点，普遍接收。对二、三级单位形成的档案，档案馆必须择其有代表性的、典型的单位档案予以接收，而不能一味追求数量，采取普遍接收的办法。这就需要档案馆在接收档案前，先做好调查工作，将本级机关或组织的所有的二、三级单位一一列举出来。在此基础上，按一定条件进行筛选，最后确定档案入馆单位的名单。

另一方面是避免不加选择，盲目接收。某些档案馆，为使馆藏量增加，大量接收二、三级单位的档案，致使馆藏档案质量下降，数量"暴涨"，入馆的这种档案分类混乱，玉石不分、重复件增多（如统计报表、劳动及组织人事文件重复严重），给档案馆增加了人力、库房设备等方面的压力，给档案管理（如标准化工作）带来了沉重的负担。

（四）档案馆档案收集的方式

一般而言，档案馆档案收集的方式主要有两种：逐年接收和定期接收。逐年接收即每年接收一次档案；定期接收就是每隔一定时期（如 3 年、5 年）接收一次。

但是，档案馆对科技档案的收集方式有所不同，实行相关单位主送制和科技档案补送制。

1. 相关单位主送制

对普通文书档案而言，应按要求将其中具有永久和长期保存价值的所有档案都移交进馆。科技档案则不采取这种普遍接收进馆的制度，而是实行相关单位主送制，即对不同种类及不同项目的科技档案，按照国家有关规定，分别确定报送单位，主送单位报送档案中的不足部分由其他有关单位补充移交。

2. 科技档案补送制

建立补送制是为了及时反映进馆档案所涉及的科技、生产项目的发展、变化情况，保持馆藏科技档案的完整性和准确性。例如进馆档案所反映的基建项目进行重大改建、扩建，产品改型、换代等，在这些情况下，原移交单位要向档案馆补送相关的科技档案。

三、档案的整理

使档案实体系统化、有序化的整理工作可称为档案的整序，它主要是通过分类来进行的。整序就是对档案实体分分合合，将它们分层次组成全宗群、全宗、系列和案卷（或保管单位），并进行排列的过程。

（一）区分全宗和全宗群

档案整理首先从区分全宗开始，因为档案信息的有机关联性首先是在全宗这一层次上体现出来的，全宗是档案馆对档案进行日常科学管理的基本单位。衡量文件的价值以决定是否选择它们进入档案馆的工作，是以全宗为基础进行的；为档案编目，保管、交接档案，也都要按全宗进行。全宗在馆藏建设和对档案实体实行控制的过程中有着举足轻重的地位。

全宗是一个国家机构、社会组织或个人在社会活动中形成的具有有机联系的档案整体。一个全宗，反映了一个单位或个人活动的全过程。同时，全宗也是档案室（馆）对档案进行科学管理的基本单位。

1. 确定全宗的构成方式

区分全宗实际上就是将产生于同一活动过程的档案集中在一起，以便使它们与其他各类档案区别开来。科学地确定全宗的构成方式是区分全宗的前提，而全宗的构成方式是指全宗围绕什么样的核心（主体还是客体）形成。因此，确定全宗的构成方式实际上就是在判断全宗范围和界限的基础上，确定全宗是围绕什么中心形成的。

然而，任何人类活动都是主体、客体之间相互作用的复杂过程，站在不同的角度，按不同的标准观察分析，对活动过程和文件据以形成的核心就必然会有不同的理解，并得出不同的结论。机关档案室档案之所以应构成主体全宗，就是因为站在现行机关的立场上，必然把由本机关进行的全部活动看作以本机关主体为中心进行的完整活动过程。但是如果站在更宏观的角度，即站在档案馆的立场上，从全社会的范围观察分析，对此又可能会有不同的认识，而且不同类型的档案馆的服务目标和担负的任务不同，所体现的社会需求和用户整体利益也不同。站在其各自不同的立场上，分析形成全宗的人类活动过程和全宗本身的构成方式，结论必然不尽一致。

具体来看，立档单位不是固定不变的。由于社会的发展、事业的进步，常常引起一些机关的增设、撤销或合并，这些发展变化常常给全宗的划分带来一些新的问题，需要在实践中认真对待。这就要求在具体划分时应该研究立档单位的各种变化情况，辨别哪些变化是根本性的，应当产生新的立档单位和全宗；哪些变化是非根本性的，不应成立新的立档单位和全宗。

（1）临时性机构档案的区分全宗

各种临时性机构形成的档案，一般不设立新全宗。因为临时性机构的业务往往属于某机关或若干机关业务范围之内，存在的时间不长，形成档案的数量不多。个别的临时性机构，独立性较强，存在时间较长，其档案也可以考虑成立新的全宗。

（2）立档单位变化所导致的区分全宗

在立档单位的性质无根本变化的情况下，主要是分析基本职能是否有根本变化。

①新建。新建立的机关、企业、事业单位，它们的档案可以构成一个全宗。

②单设。当一个单位原属于一个立档单位，但后来这个单位被分离出去，负责原立档单位的部分职能。从它单设之后，它所形成的档案就可以构成一个新的全宗。

③合并。由两个或两个以上的撤销单位构成一个新的单位，这个新的单位一般与其原单位虽然前后存在一定联系，但在职能上却有明显差异，它们所形成的档案也应构成一个新的全宗。

④分设。当一个机关、单位被分割为两个或两个以上的单位，原来的机关、单位在分割之前应构成一个全宗。分割后形成的新机关、单位分别构成不同的全宗。

⑤合署。当两个单位合署办公，但其文件又是分开处理时，它们所形成的档案应分别构成全宗。

⑥从属。当一个立档单位由于工作的需要，后来变为一个机关内部的组织机构时，改变之前形成的档案为一个全宗，改变后形成的档案为另一个全宗的一部分。

（3）组织全宗与个人全宗档案的区分

个人全宗与组织全宗中的档案在有些情况下会出现交叉现象，也就是说某些档案既有一定的个人属性，又体现出组织属性。如某个单位领导以个人名义发表的文件。对于这种情况，一般采用以下处置方式：凡是以组织的名义制发的文件都应归入组织全宗，个人全宗如果有必要，可以保留副本；组织全宗中不保存个人性质的文件，如个人自传、对个人情况的调查文件等；绝不允许将具有组织与个人双重性质的档案文件抽出归入个人全宗中。

2. 全宗群及其划分

联系密切的若干全宗的群体，称为全宗群。在我国，全宗的组织常常通过组建"全宗群"来体现和维系全宗之间的联系。各个立档单位的工作活动不是孤立的，而是互有联系的。因此，一定的全宗之间也就有了必然的历史联系。这种具有时间、地区、性质等共同特征的，有密切联系的若干全宗的组合体，称为"全宗群"。具体来说，全宗群是指同一时期或地区，在纵向或横向方面具有相同性质的立档单位形成的若干个全宗构成的一个有机群体。组织全宗群的目的在于维护同一类型或专业系统的若干个全宗的不可分散性和保持文件材料在更大范围内的历史联系，便于管理和开发利用。

3. 全宗的编号

各个档案馆都保存有一定数量的全宗，为了便于各项工作的开展，除了要对全宗进行一定的组织外，还应给每个全宗编一个代号，称为全宗号。

全宗号是档号的组成部分，在档案数量、全宗数量增加以及检索工作发展的情况下，全宗号对于档案系统化整理、编目、检索有十分重要的作用。

（1）全宗编号规则

第一，对全宗进行编号，要考虑馆藏全宗的特点以及管理的方便。根据全宗的类型和数量合理编号。

第二，应为新全宗的编号留有余地，避免因后入馆的全宗打乱整个编号体系。

第三，全宗号应力求简洁，方便实用，不能过于烦琐。

第四，全宗与全宗号之间一一对应，一个全宗只能有唯一的号码，便于统计和检索。全宗号数应能如实反映馆藏全宗数量和档案出处。

第五，已编好的全宗号不得随意更改，应保持其稳定。即使某一全宗的全部档案都已移出，该全宗号亦不得挪作他用，以免发生混乱。

（2）全宗编号方法

对全宗进行编号的方法有很多且各不相同，归纳起来主要有序时流水编号法和体系分类编号法两类。序时流水编号法是按全宗进馆时间的先后顺序编号。这种编号方法简单实用，比较客观，适合全宗量不大、全宗类型较单一的档案馆采用。体系分类编号法是对全宗先进行一定的分类或分组再编号。这种编号方法逻辑性、系统性强，层次分明，能反映全宗本身的性质和特点，但编制较复杂，其号码不易分辨和记忆。这种编号方法适合馆藏全宗数量大，全宗的时间、地域跨度大，类型复杂的档案馆采用。这两种全宗编号方法各有优＝缺点，具体应采用哪种方法编号，档案馆应依馆藏全宗的状况而定。

全宗的编号与全宗在库房内的实际排列顺序有时一致，有时不一致。在一些规模较大、馆藏数量较多的档案馆，不一致的情况居多。全宗的排列可按全宗号顺序排列，也可按立档单位的历史时期、性质、所属系统、地区以及立档单位名称的音序或笔画排列。在我国，通常按全宗群来排列，即把同一时期、同一系统或相同性质的全宗排列在一起，以保持同类全宗之间的联系。一般来说，全宗的排列方法和次序对全宗的编号无决定性影响，当全宗在库房中的排放根据保管需要有所变动时，并不需要改变全宗号。但全宗号作为查找档案出处的一种手段，若与全宗的实际排列顺序相一致，更有利于迅速找到所需档案。

（二）立卷和案卷排列

1. 立卷

全宗内档案分类并不以划分系列为其终结点，一个系列内众多的文件决定了必须进一步分类，才能便捷地检索利用某一份文件。这种分类往往是通过立卷实现的。

档案不同于图书，单份文件是零散的、大量的，一般不宜作为独立的保管单位，而且文件之间常有密切的联系，若将有联系的文件随意分开，将会失去其原有价值。所以，在整理档案时，将若干互有联系的文件组合成一个有机整体，称"案卷"，将文件编立成案卷的过程称"立卷"或"组卷"。

案卷是密切联系的若干文件的组合体，它是档案基本的保管单位。通常也是统计档案数量和进行检索的基本单位之一。案卷是组成全宗的基本单位。立卷是档案整理工作的重要基础。立卷工作的好坏、案卷质量如何，是衡量档案整理工作水平的重要标志。

立卷工作的内容包括组成案卷单位，拟写案卷标题，卷内文件的排列与编号，填写卷内文件目录与备考表，案卷封面的编目与案卷的装订等工作内容。目前，我国文书档案基本的立卷方法是"六个特征立卷法"，即根据文件在问题、作者、时间、名称、地区和通讯者特征六个方面的共同点将文件组合成案卷的方法。比如：把同一个作者的文件组成一卷；把同一个会议的文件组成一卷等。按照文件的六个特征立卷时，一般不单一地采用某个特征组成案卷，而是综合分析文件之间的关系，选择其中最能说明客观情况的几个特征作为组卷的依据。

此外，在实际工作中还有一些其他的立卷方法，如将文件按照"事"或"件"组卷的"立小卷法"以及"四分四注意立卷法"等，其具有各自的特点，也是比较适用的立卷方法。

国家档案局推行"以件为单位"的立卷方式。其操作方法是：先将归档文件按"件"装订后，按事由结合时间、重要程度等排列（会议文件、统计报表等成套性文件集中排列）。然后，编顺序号，装入档案盒，填写档案盒封面、盒脊及备考表项目。这种立卷方式需要借助计算机系统进行数据登记，才能便于日后的查找利用和管理。

2. 编制卷内文件目录

卷内文件目录是固定立卷成果，揭示卷内文件内容，检索卷内文件的工具，应放在卷文件之首。从性质上分析，编制卷内目录属智能控制范畴。如果用计算机编目，应该先对每份卷内文件进行著录，然后将著录结果按档号排序，以卷为单位打印成书本式目录，即成卷内目录。在手工条件下，这道工序可暂时按传统习惯，包括在立卷过程中，即在案卷编好页码后，于专门印制的表格上，按照排的顺序，对每份文件逐项著录。其著录项目，按目前的习惯做法是：文件责任者、文件题名（或内容摘要）、文件字号、文件日期、文件份数、文件在卷内的页码、备注等。

3. 案卷排列与编号

全宗内档案（或档案馆、档案室接收的案卷），经分类、立卷以后还必须进行系统的排列。全宗内各类的序列，已在分类方案中排定，所以通常所说的案卷排列，就是根据一定的方法，确定每类内案卷的前后次序和排放的位置，保持案卷与案卷之间的联系。案卷排列方法有以下五种。

第一，按照案卷所反映的工作上的联系来排列。

第二，按照案卷内容所反映的问题来排列。

第三，按照案卷的起止日期（时间）来排列。

第四，按照案卷的重要程度排列。

第五，按照文件的作者、收发文机关以及文件内容所涉及的地区排列。

人事档案或监察、信访等按人头立成的案卷，可以按姓氏笔画、汉语拼音字母顺序或四角号码等方法排列。

上述几种排列方法可以单独使用，也可结合使用。对于不同类型、不同保管期限的档案，在案卷排列中应予以区分。

案卷排列完后应按排列次序编上案卷号，固定案卷的排放位置。案卷号作为档号的组成部分可提供案卷的出处。现行单位大多采取一个组织机构的案卷每年编一个顺序号的办法，或是整个单位一个年度的全部案卷编一个顺序号。历史档案、撤销单位的档案不再形成新的档案，可把一个全宗内所有的案卷统一编号。

（三）编制档号

档号是档案室（馆）在整理和管理档案过程中，以字符形式赋予档案的代码。档号主要是表示类别及其相互关系的一组符号。在档案的整理、统计、检索、提供利用以及库房日常管理等业务活动中都要运用和借助档号。档号通常包括全宗号、案卷目录号、案卷号、件号、页号。这几种编号，不仅对档案的管理和提供利用有着现实的制约作用，而且对于档案工作的规范化和现代化也是不可忽视的。

具体来看，全宗号一般用四个符号标志，其中第一个符号用汉语拼音字母标注全宗档案门类，另三位代码用阿拉伯数字标注某一门类全宗顺序号。全宗号一经编定，就不要轻易变动。档案馆内的全宗号应该是固定不变的，即使某一个全宗全部移交出去了，该全宗号在档案馆内仍然保留着。全宗号有三种编法：一是按系统编号，如政法、工交、农林、财贸、文教、科技等；二是按立档单位的重要程度编号；三是按进馆的先后顺序编号。实践证明，前两种方法对于同时进馆的全宗是适用的，但是有新的全宗进馆，就会被打乱或冲破。第三种方法简便易行，比较实用。

案卷目录号一般采用流水顺序编号法，必要时可在顺序号前加上表示档案保管期限、载体形态等特征的代字。如"永 13"表示确定为永久保管的第 13 号目录。每一案卷目录所含案卷数量不超过 100 卷时，不另立案卷目录。案卷目录内案卷数量超过 999 卷时应另立案卷目录，另编案卷目录号。

案卷号是管理档案中最常用的基本代号，是著录案卷目录内每一案卷的流水编号，因此确定案卷号要确定卷内每个案卷的前后次序和排列位置。

件号或页号是文件立卷以后，进行卷内文件的排列，给每份文件以固定的位置，用数字固定文件前后次序的代号。案卷不装订成册时应编制件号，其间不许有空号。

第二节　档案的鉴定与保管

一、档案保管工作

随着信息时代的到来，作为各种社会实践活动历史记录的档案发挥着越来越大的作用。然而，随着时间的推移，在内外部各种因素的影响和作用下，档案不可避免地面临种种被损坏的威胁，如何确保档案完好成为档案工作者在谈档案的开发与利用之前首先要解决的问题。因此，档案保管便成为档案工作的重要环节。档案保管是指在了解和掌握档案损坏规律的基础上，以一定的物质条件为保障，以日常性工作和专门的技术措施为手段对档案进行保护和管理，以维护档案的完整与安全。科学有效的保管工作将为整个档案工作的开展提供最基本的物质保障；反之，如果保管工作不到位，档案一旦遭受损害，档案工作就失去了最根本的物质前提，档案的价值和作用将无从谈起，整个国家和社会都将蒙受损失。

（一）档案完整与安全的威胁因素

随着时间的推移和受各种因素的影响，档案不可避免地面临种种被损坏的威胁。从产生的根源来看，损害和破坏档案的因素主要包括外部因素和内部因素。

外部因素又可分成人为因素和自然因素，其中，人为因素表现为：第一，由于政治斗争等原因，人们为了维护自身或者本组织、本阶级的利益，会有意识、有计划地破坏、损毁档案，以使其作用无法发挥；第二，因管理和使用不善而产生的本可以避免的对档案的损害，比如档案工作者麻痹大意、不遵守规章制度或档案保护意识不强等，使档案实体受到损坏、档案内容被泄露。自然因素表现为：一是在档案的存放和提供利用过程中，因时间的推移及外部环境的变化，档案难以避免地发生被损坏的现象，如不适宜的温度湿度、光线、灰尘、虫、鼠等；二是一些不可抗力的突发自然事件往往对档案损害较大，比如洪水、地震等自然灾害对档案的损毁。

内部因素主要是指档案自身，包括档案的制成材料，如纸张、胶片、磁带、磁盘等载体材料，也包括墨水、油墨等书写、印刷材料，这些材料自身的寿命直接影响了档案的寿命。现代社会电子文件大量产生，电子文件自身的特性决定了对其的保管更具复杂性，也更加重要。对电子文件的妥善保管是确保电子文件真实、完整、可读的基础。

在档案保管工作中，上述因素有些是可控的，有些是难以控制的。对于可控的因素，应该尽可能地杜绝和减少；对于不可控的因素，应事先制订应急预案，防患于未然，将损失降至最低。

（二）档案保管工作的任务和内容

在现代社会中，档案的价值和作用是其他信息资源不可替代的，而档案的形成和存在又是一个不可逆的过程。可见，档案长久保存和利用的需求与维护档案的完整和安全所面临的一系列矛盾，决定了档案保管工作的任务和内容。

1. 档案保管工作的任务

档案保管工作的根本任务是建立确保档案安全保密的安全体系，维护档案的完整与安全，主要体现在以下三个方面：

（1）最大限度地防止和减少档案的损毁

针对档案自身的特性和可能导致档案损坏的种种因素，我们应该通过日常维护和有针对性地采取专门保护措施等手段，为档案的保存和提供利用创造良好的环境，形成合理的工作制度，消除或减少各种因素对档案保管的不利影响。

（2）延长档案的寿命

由于档案的价值和作用不同，档案的保管期限不同，有些需要定期保管，比如 10 年、30 年，有些需要永久保存。不同载体的档案有一定的寿命，纸张、缩微胶片、光盘、磁盘、电子文件等档案载体寿命的有限性决定了档案寿命的有限性。为了满足"无限"的档案利用需求，需要尽可能地根据不同载体的特点延长档案的寿命。在室（馆）藏档案中，对于保存状态尚好的档案，不可大意疏忽，要定期检查；对于已经不同程度被损坏的档案，应该采取相应的措施，及时进行修复。

（3）确保档案的安全

在档案保管工作中，确保档案的安全包括档案实体的安全和档案内容的安全。实体安全是指档案实体完好地存放在指定的位置；内容安全是指档案的内容没有被泄露。档案实体安全是档案内容安全的基础，没有实体安全，内容安全就无从谈起。但是，档案实体安全并不意味着档案内容一定安全，比如通过复制等方式亦可泄露档案信息。尤其是在电子文件环境下，档案内容安全面临着更大的威胁。在确保档案安全的过程中，上述两方面缺一不可。

2. 档案保管工作的内容

基于档案保管工作的任务，档案保管工作的内容涉及以下五方面：

（1）正确认识和全面把握档案的安全现状和破坏档案的各种因素

档案的安全现状和破坏档案的各种因素直接影响着档案保管工作的内容。首先，正确认识档案的安全现状，包括了解室（馆）藏档案进室（馆）前后的保管措施、保管过程、有无损坏、损坏程度如何等，以便于确定今后的工作目标和工作内容；其次，破坏档案的因素多种多样且表现形式不一，对档案的损坏过程和损坏程度不同，只有全面把握威胁档案安全的各种因素的特点、表现形式，工作时才能有的放矢，有针对性地将各种因素对档案的破坏降至最低。可见，正确认识和全面把握档案的安全现状和破坏档案的各种因素，是对工作对象和工作先天影响因素的深入剖析，回答了"管什么""为什么管"的问题，是档案保管工作有效开展的前提。

（2）制定和完善档案保管的各项制度和标准

制度是要求大家共同遵守的办事规程或行动准则。制定关于档案保管工作的制度，有利于档案工作者和档案利用者规范自己的行为，明确在档案保管和利用过程中应该做什么、如何做，从多方面规范档案馆的建设。制定档案保管工作标准有利于实现工作的规范化，有助于降低工作成本，减少工作中因人员变动产生的对档案保管的变化，有利于为档案保管创造最佳条件和环境。在档案保管工作中，从国家层面到地方各级各类档案室（馆），应形成完整的档案保管工作制度和标准体系，以实现档案保管工作的标准化和规范化，维护档案的完整与安全。

（3）提供档案保管的基本物质条件

档案的安全、妥善保管离不开基本的物质条件，基础物质条件的好坏直接影响着档案的寿命。良好的物质条件有利于档案的长久保存；反之，恶劣的物质条件直接危害着档案的安全。不同载体的档案，如纸质档案、胶片档案、磁性载体档案、光盘档案、电子文件等的材料和形成原理不同，影响其耐久性的因素也不同。因此，在保管过程中，档案库房、装具、设备等基本保管条件也存在较大的差异。尤其对于电子文件，如何在保管中确保其长期可读、可用，已成为档案保管工作的新内容。

（4）日常的档案保管工作

档案保管是一项持续性的日常工作，且需要以认真的态度来对待。在做好上述工作的同时，还有大量的工作需要档案工作者 365 天、24 小时不间断地开展。从工作内容来看，日常档案保管工作包括防盗、防水、防火、防潮、防尘、防鼠、防虫、防高温、防强光、防泄密，我们称之为"十防"；从工作地点来看，日常档案保管工作的内容包括档案库房中的保管和档案库房外的保管，在库房外的保管又可分为在流通传递中的保管和在利用中的保管。在库房中的保管工作主要由档案工作人员来完成，而在库房外的保管工作则需要档案工作人员和档案利用者共同来完成。因此，使利用者同样以爱惜的态度科学、合理地利用档案也是日常档案保管工作的重要内容。日常档案保管工作繁杂琐碎，但又是档案保管的基础性工作，因此，需要档案工作人员精益求精，细心、耐心地来完成。

（5）开展有针对性的档案保护工作

采用专门的技术和方法对受损程度较大、有重要价值或其他亟需修复的档案进行保护，延长档案的寿命，是档案保管工作的一项重要内容。

对档案产生破坏的种种因素，虽然有些因素是我们难以控制的，但我们可以采取相应的保护措施，利用先进的技术将损失降到最低。比如通过纸质档案修裱技术帮助存在一定程度破损的档案恢复原貌，已成为抢救档案的一项不可缺少且具有中国特色的专门技术。这些专门的保护措施专业性、技术性较强且细微细致，需要专门的人才，需要大量的财力、物力的保障，它在延长档案寿命、保护人类文化历史遗产等方面发挥着重要的作用。因此，每个档案室（馆）在做好日常保管工作的同时，应根据馆藏状况，将有针对性地开展档案保护工作纳入档案保管工作的整体规划中。

二、档案保管工作

档案保管的条件，主要是指实现档案安全妥善保管的必备保障，包括人、财、物等方面的基本条件。从人的角度来看，档案工作者是完成档案保管工作的主体，是档案保管工作的人力保障。在保管工作中，档案工作者在具备必需的专业技能和知识的前提下，高度的责任心和耐心、细心的工作态度也是尤为重要的。从财力角度来看，财力支持是一项工作顺利开展的重要条件，档案保管工作也不例外。档案室（馆）应充分、合理地利用国家和社会给予档案保管工作的财力支持，既要保证档案保管工作顺利开展，又不能不计成本。从物质的角度来看，物质条件是档案保管工作中的又一个重要条件，直接影响着档案的安全状况和寿命。以下主要以档案保管的基本物质条件为线索进行介绍。

（一）档案库房建筑

档案库房建筑是档案馆中专为存放档案所建的房舍，是档案馆的重要组成部分，主要由纸质档案库、音像档案库、光盘库、缩微拷贝库、母片库、珍藏库、实物档案库、图书资料库、其他特殊载体档案库和过渡间组成。档案库房的状况决定了档案保存的基本条件，在档案库房建设中应坚持以下原则：

1. 档案库房建设应以实现档案的安全保管为首要原则

（1）为档案提供安全存放的足够空间

除中央档案馆外，我国综合性档案馆分为省、市、县三级，每一级又分为一类、二类、三类，不同级别、不同类别的档案馆的库房建设标准不同。在档案库房建设中，应根据相关标准和本馆馆藏情况确定档案库房的建筑面积，确保档案有足够的存放空间。这是实现档案安全管理的第一步。

（2）档案库房的内外环境要有利于档案的保管

从外部环境来看，档案馆的选址在一定程度上决定了档案库房的外部环境。因此，档案馆应选择工程地质条件和水文地质条件较好、空气清新的地区，远离易燃易爆场所，不设在污染、腐蚀性气体源的下风向。在档案馆内，档案库房与其他各类用房之间应有间隔，档案库房应集中布置、自成一区，库区内不应设置其他用房，各部门间的档案传送路线应安全、顺畅。从内部环境来看，档案库房的墙体、屋顶、地面等的构造和材料都应有利于档案的安全保管，尽量减少水、暖、电等基础设施给档案保管带来的隐患；在建设过程中加强防盗、防水、防火、防潮、防尘、防鼠、防虫、防高温、防强光、防泄密的"十防"措施，为档案保管创造良好的内部环境。

2. 档案库房建设应以经济适用、环保美观为原则

在档案库房建设中应坚持经济适用、环保美观的原则。经济适用是指在档案库房建设中减少人为浪费，不盲从高标准，根据馆藏和本地区的实际情况科学合理地开展档案库房建设。在人类的生存环境不断遭受越来越严重的破坏的时候，保护环境成为我们每个人、每个组织不可推卸的责任。档案库房在建设和使用过程中都应减少对环境的破坏，比如使用环保材料、以环保的方式进行库房建设。美观是对档案库房的一种外在要求。在确保档案库房基本功能得以发挥的基础上，在经济适用且环保的前提下，美观的档案库房设计有利于为档案保管者和档案利用者创造一种舒适、和谐的氛围，有助于工作效率的提高。

综上所述，档案库房建设不是形象工程、面子工程，各地、各馆都应从实际情况出发，综合考虑档案库房的功能、建设需求、经济实力等各方面因素，按照已有的规范标准形成合理的建设方案。

（二）档案保管的设备

在档案库房中，设备是档案保管的必要工具，是档案安全保管必不可少的保障条件。档案保管的设备主要指具有固定资产性质的机械、器具、仪器、仪表等技术设施，包括温度湿度调节和检测设备、防火防盗等安全装置、照明设备、档案保护和修复设备等。在工作中，应全面认识并正确使用各种设备。

1. 温度湿度调节和检测设备

环境的温度湿度直接影响着档案的寿命，环境的温度湿度随着地域、气候、季节的不同而不同，而每一种档案的最佳保管条件对温度湿度都有固定的要求。因此，需要温度湿度调节设备来保证档案库房达到适宜的温度湿度，并通过温度湿度检测设备进行检测。常见的温度湿度调节和检测设备有空调装置、增湿机、去湿机、温度计、湿度计等。

2. 防火防盗等安全装置

火是威胁档案安全保管的重要因素之一。防火和灭火的装置主要是消防设备，由于所使用的灭火剂不同，灭火装置的自动化程度也不同。消防设备可以分为不同的种类，档案库房应根据馆藏档案的特点选择合适的消防设备。防盗装置是为了防止库房有人非法闯入盗窃档案而安装的设备，比如闭路电视监控系统。为了避免档案失窃，档案保管部门应根据不同的需要找专业厂商进行设计并安装防盗装置。

3. 照明设备

档案库房的照明要求与其他场所不同。为了减少对档案的破坏，档案库房的照明亮度无须太高，且光线不应对档案造成伤害或伤害很小，比如采用白炽灯或灯管表面经过防紫外线处理的日光灯。人进灯开、人走灯关的自动控制开关既节能又安全，也有助于档案的安全保管。

4. 档案保护和修复设备

此类设备主要有两类：一类是为了保护档案原件而将其迁移到其他载体过程中所需的设备，比如缩微拍照设备、缩微品阅读复制设备、高速扫描仪等；另一类是对破损档案进行修复的必需设备，比如字迹显示仪、档案修裱机、多功能冷冻干燥灭菌机等。

随着科学技术的飞速发展，档案保管设备的种类更加丰富多样，更加现代化和专业化，为档案的安全保管提供了越来越有力的保障。同时，对设备的设计和使用也更加先进和合理。比如档案库房将各种设备和系统，通过集成化、智能化的设计和管理，形成档案库房计算机安全监管系统，对库房的温度湿度进行自动调节，对火警、盗警进行自动监视，有效地保证了档案库房的安全。

（三）档案装具

档案装具是指用于存放档案的各种档案架、档案柜（箱）、档案盒，以及包装档案的卷皮、卷夹等。档案装具可以直接防止光线、灰尘、有害气体对档案造成损害，减少存取过程中对档案的磨损，是档案保管工作的基本设备。

不同的社会实践活动中产生的档案的种类、形式多种多样，不仅载体不同，形状、大小等规格也各不相同。因此，档案装具的种类、规格、制成材料等也具有多样性，以满足不同档案的保管要求。档案柜是比较传统的档案装具，常见的有双开门档案柜、侧拉门档案柜、抽屉式档案柜等。档案架大大提高了单位面积内档案的存贮量，是档案保管中必不可少的装具。尤其是现代档案保管中常见的密集架，通过轨道将多个架列组合在一起，既高效地利用了空间，又能有效地防火、防盗、防尘。档案架按自动化程度可分为手动式、半自动式、自动式，按密集架的开合方式可分为旋转式、抽拉式、平行移动式等，档案部门可根据需求进行选择。卷式缩微品装具（如片盘、片盒、片夹等）、片式缩微品装具（如封套、平片盒等），照片与底片盒、册，影片夹，声像档案装具（防磁柜等），计算机磁盘装具（磁盘柜等），包装纸质档案的卷皮、卷盒等，都是现代档案管理中常见的档案装具。随着科学技术的不断进步，档案装具从设计到制作材料都将不断优化，使档案的保管更加高效、便捷。

此外，在档案保管中还有很多易耗低值的物品，比如防霉防虫药物、吸湿剂、管理性办公用品等，也为档案的安全保管提供了必要的物质支持。

三、档案库房管理

档案库房是档案保管的重要场所。档案库房管理是指档案工作者为了实现对档案安全保管的最终目标，采取各种手段和措施对库房中的各种要素进行控制和协调。档案库房管理的内容主要包括档案库房的编号和排架，全宗的排列和档案上架，档案存放位置索引、档案代理卡和全宗卷的编制，库房的环境管理等。

（一）档案库房的编号和排架

1. 档案库房的编号

档案库房较多的档案馆或档案室，需要对档案库房进行编号。编号的目的在于赋予每一个档案库房一个固定的编码，建筑物和号码一一对应，便于管理。档案库房的编号一般由数字、代码、字符等构成。每个档案室（馆）的建筑不同，其档案库房编号应结合本单位建筑物的构成特点，以唯一性、稳定性、易识别、易使用为原则对本单位的档案库房进行编号。档案库房的编号一般由建筑物号、层号、房间号等要素构成，可根据库房的多少和位置将各要素结合起来进行组合编制。

2. 档案库房内的排架

档案库房内的排架是指对档案库房内的档案架（柜）、箱等按一定的顺序排放，并编号以固定其排放位置。档案库房内的排架基本原则是：有利于档案的保管和利用，有利于空间利用，美观有序。

在档案库房排架中，有窗库房中，档案架（柜）的排列应与窗户垂直，以避免强光直射档案；无窗库房中，档案架（柜）的排列纵横方向均可，但不得有碍通风。档案架（柜）的排列应最大限度地利用库房的地面与空间，但也要便于档案的搬运与存放。架（柜）之间的主要过道宽度应以便于档案小型搬运工具（如手推车）通行为宜，一般为 1 ~ 1.2 米。不同规格、不同样式的档案架（柜）应该分别排放。所有档案架（柜）的排放均不得紧靠墙壁。等档案架（柜）排放好后，应进行统一编号，编号方法为：自门口起，从左至右编架（柜）号，每个架（柜）子的栏也从左向右编号，每栏的格自上而下编号（如果没有栏，则自上而下编格号）。

（二）全宗的排列和档案上架

在我国，档案室（馆）所保存的档案都是按全宗进行整理和保管的，因此，档案在档案库房中的存放也应按全宗来排列，对库房内的各个全宗应进行系统的排列。全宗的排列方法主要有按全宗顺序号流水排列法和全宗分类排列法两种。按全宗顺序号流水排列法对库房空间和全宗实体的安排比较方便；全宗分类排列法对全宗的系统管理和全宗内档案的信息管理较为有利。全宗内的档案应按档案整理中既定的分类体系和案卷的顺序号进行排列，以保持案卷之间的联系。

对于某些特殊情况，如库房或柜架预留的空位已被排满，后入馆的档案不能与先入馆的同一全宗的档案放在一起的时候，可以暂时分开保存，待有可能进行调整时，再将同一全宗的档案集中起来，或者有计划地分阶段分库排列保存。有些全宗内还会包括一些不同载体的档案，如照片、录音、录像等，须分别保管。但在全宗指南、案卷目录说明等文件中应有所交代，并在全宗末尾放置卡片以指明存放地点，以使之保持应有的联系。

确定了全宗和案卷的排放次序后就可以组织上架，上架的次序应根据档案架（柜）及其栏、格等的编号次序进行。

档案的存放方式一般有两种：一是竖放；二是平放。竖放的优点是便于存放和取出档案，是目前被广泛采用的一种档案存放方式。平放的方式虽然不便于档案的取放，但有利于档案的保护，这种方式适于保管珍贵档案和不易于竖放的档案。平放档案时，为了避免文件承担过重的压力，堆叠的高度以不超过 40 厘米为宜。

（三）档案存放位置索引、档案代理卡和全宗卷的编制

1. 档案存放位置索引

档案存放位置索引，是为了便于档案保管工作者随时掌握档案室（馆）档案的存放情况和快速存取档案，将排放好的档案与其所处的位置一一对应而形成的索引。

档案存放位置索引按形式可分为簿籍式和卡片式（即指明各档案库房档案保存情况的索引）两种，其中第二种还可以采用图表式，即把每个库房（或每楼、每层、每个房间）内的档案存放实际情况绘制成示意图，也可绘制成大型图表挂贴在醒目位置，便于档案管理和调阅。档案存放位置索引的详略程度和表格中的项目，可根据档案室（馆）的规模和查找档案的频繁程度等具体情况来决定。

2. 档案代理卡

在档案管理过程和档案提供利用中，有时需要将档案库房中已经上架排放好的档案暂时移出档案库。为了便于库房管理，便于档案保管者及时、准确地掌握档案的流动情况并进行安全检查，会填制一种卡片放在档案原来的存放位置上，我们将这种卡片称为代理卡或代卷卡、代件卡。该卡片直观、准确、简明地反映了档案流向。卡片的内容主要包括全宗号、案卷目录号、卷（件）号、移出日期、移往何处、归还日期、签收人等，其常常被设计为红色、黄色、绿色等醒目颜色以示区别和辨认。档案代理卡是一种简便实用的管理工具，当档案被调用

时，应及时准确地填写、放置代理卡，避免出现能从检索工具中查到，而在架上却找不到档案的情况。在档案归还之时，应及时将档案放回原位并在代理卡上做相关记录。

3. 全宗卷的编制

全宗卷是档案室（馆）在管理某一全宗过程中形成的，能够说明该全宗历史情况的有关文件材料所组成的专门案卷。档案室（馆）应对其所保管的全宗编制全宗卷，以反映全宗管理的历史面貌，从而便于档案的保管和利用。全宗卷的主要内容包括以下七方面：

第一，档案收集方面：档案交接文据、移交目录，接收、征集记录，档案来源和价值说明等。

第二，档案整理方面：整理工作方案、分类方案、案卷目录说明、整理工作小结等。

第三，档案鉴定方面：鉴定小组成员名单、档案保管期限表、鉴定档案分析报告、销毁档案的请示与批复、销毁档案的清册等。

第四，档案保管方面：档案安全检查记录、报告，重点档案采取的特殊保护措施，档案的抢救与修复情况报告等。

第五，档案统计方面：档案收进、移出登记，案卷基本情况统计和重要的利用统计表等。

第六，档案利用方面：全宗指南（全宗介绍），开放利用和控制使用范围说明，档案汇编和公布出版情况及报批文件，档案产生社会效益或经济效益的典型事例等。

第七，档案管理新技术的应用方面：缩微复制和计算机辅助管理等情况的文字说明材料。

综上所述，全宗卷是档案室（馆）管理全宗的一种工具，它记录和反映了全宗内档案的管理过程，对该全宗的后续管理具有宝贵的凭证作用和参考价值，也是档案保管人员快速、全面掌握全宗情况所不可缺少的重要依据。

（四）库房的环境管理

库房的环境管理是档案库房管理的重要内容，主要包括形成并维护库房中适宜档案保管的环境。在库房的环境管理过程中应注意以下三个方面：

1. 对库房温度湿度的控制

库房内的温度湿度直接影响着档案的寿命，适宜的温度湿度有利于档案的保存。档案库房的温度范围为14~24℃，相对湿度范围为45%~60%。在选定温度湿度后，每昼夜波动要求温度不得大于20℃，湿度不得大于5%。调控库房温度湿度的方法有很多，如密闭、通风。事实证明，增温、降温、增湿、降湿相结合是调控库房温度湿度行之有效的方法。

2. 通过"十防"措施确保档案的安全

"十防"措施中的各项防护措施相辅相成，应将其落实到档案库房的日常管理工作中，确保档案实体和档案信息的安全。

3. 定期和不定期库房检查

检查是对档案库房管理工作的检验和总结，通过定期和不定期地对库房和库房中的档案进行检查，有助于发现和及时纠正库房管理中的问题，有助于全面、准确地了解档案的安全状况，有助于制定更加科学、完善的档案保管制度。在检查过程中应该实事求是，全面检查和重点检查相结合，真实、准确地记录检查过程和检查结果，并将其反馈给相关人员。

四、档案的鉴定

（一）档案鉴定工作的基本内容

档案鉴定工作的基本内容包括以下四个方面：

1. 成立档案鉴定工作组织，完善档案鉴定工作机制

需要按照法律法规的要求成立档案鉴定工作组织，开展档案鉴定工作。完善的档案鉴定工作机制包括有效的沟通机制、有效的管控机制、经验记录机制、风险防范机制等。

2. 制定鉴定工作政策和规则，确定合理的工作标准

档案鉴定工作政策应该明确此项工作的主要目标，工作人员的责任和义务，应对解决重点、难点问题的措施及人、财、物的条件保障；明确档案鉴定工作规则，可以使鉴定人员明确自身在工作中的行为要求和权限，有利于统一鉴定人员

的思想和行为，防范违规事件的发生；明确档案鉴定工作程序，能够使工作人员明确工作流程；档案鉴定工作的制度和标准是按照国家有关法律法规标准，再结合鉴定对象的实际情况制定出来的。

3. 具体判定档案的保存价值，划定需要保存档案的具体保管期限

档案鉴定人员可以根据对档案保存价值的判断和评估结果，按照档案保管期限表划定列入保存范围的档案的保管期限。

4. 处置列入销毁范围的档案

档案鉴定组织可以根据档案销毁制度和安全保密制度的要求，对经过鉴定已经失去保存价值或保存价值不大的档案进行销毁，并做好处理工作。

（二）档案鉴定工作的规则和方法

1. 档案鉴定工作的规则

档案鉴定工作的规则，是依据国家档案鉴定工作的法律法规和制度要求规定，供档案鉴定工作人员共同遵守的制度性行为规范。其内容主要包括规范有据、统一管控、依理行鉴、标准先行、证据保全、以我为主、宽严适度、期满重鉴、程序合规、业务留痕等。

2. 档案鉴定工作的方法

档案鉴定工作的方法主要有三种，即整体价值评估法、内在价值鉴定法、相对价值评估法。

（1）整体价值评估法

这种方法是从整体上评价和预测档案鉴定工作的方法的总称。这种档案价值评估方法主要包括宏观鉴定法和档案双重价值鉴定法两种。宏观鉴定法的主要适用对象是电子文件、记录和档案的价值鉴定；档案双重价值鉴定法的主要适用对象是纸质文件、记录和档案的价值鉴定。

（2）内在价值鉴定法

内在价值鉴定法是以内在价值的属性和特征为标准的档案价值分析方法。影响档案内在价值的属性或特征主要有：物理形式、美学或艺术性、在展品中具有的使用价值、真实性可疑的日期和作者或其他特征、引起广泛的和实质性的公众兴趣、对一个部门或机构的建立或存续有法律依据意义的文献、作为制定政策参

考文件的意义等。

（3）相对价值评估法

相对价值评估法是要求档案工作者在正确的档案相对价值鉴定理论的指导下，从不同角度出发综合判断与评估档案对人类社会存在和发展所具有的各种积极意义。档案鉴定人员可以以来源因素、内容因素、形成时间因素、职能因素、形式因素为导向，对档案进行相对价值判断。

在档案鉴定实践中，工作人员会遇到一些较为特殊的矛盾和问题。为解决这些特殊矛盾和问题，可以选择一些特殊的方法，如弹性方法、典型抽样法、随机抽样法、暂留观察法、专家评估法等。

（三）档案鉴定的标准

档案的价值是客观存在的，但是对档案价值的认识和评价却带有很强的主观性。因此，制定明确的档案鉴定标准十分必要，可以增强档案鉴定结论的客观性、可靠性、准确性。其标准主要有档案属性标准、社会需求标准、相对价值标准等。

1. 档案属性标准

档案的属性标准可以从以下四个方面进行鉴定：

（1）文件来源标准

文件来源标准，主要是分析文件的价值。应站在本单位的角度，看立档单位在社会上的地位和作用，以及具体的撰写者、制发机构对档案价值产生的影响。

（2）内容标准

内容标准，主要是看文件内容的重要性、独特性、真实性以及文件信息内容的综合性或集中性。

（3）时间与时效标准

时间与时效标准，主要是看文件形成时间对档案价值的影响，具体表现为文件形成时间的远近，文件形成于特别时期还是一般时期；看档案价值的时效性，表现为档案可以在不同时期满足人们不同需要的阶段性，即现实的使用价值、历史的参考价值和鉴赏的文物价值。

（4）形式特征标准

形式特征标准，主要是看文件的名称、文件的文本、文件的外形特点等。

档案属性特征的各个方面是相互联系、不可分割的，切忌孤立地、机械地单从某一方面的特征出发来判定档案的保存价值，要全面地分析、科学地判定档案的价值。

2. 社会需求标准

社会需求和利用对档案的价值有影响、调节作用，其标准主要包括社会需求方向、社会需求面和社会需求时间。

（1）社会需求方向

社会需求方向，主要是指社会需要利用哪些内容和哪些类型的档案，把握住总的发展趋势。在不同历史时期，不同利用者所需要的档案信息内容不同。因此，档案工作人员要站在社会需求的高度把握好各方面利用档案信息的需要。

（2）社会需求面

社会需求面，是指社会对档案的需求是多方面和多层次的。因此，在鉴定工作中决定档案的留存与否和确定保管期限时，应以一定的社会需求面为前提，要避免片面地以个别需求作为鉴定标准，而是要考察每份文件的社会意义。

（3）社会需求时间

社会需求时间，可以分为近期利用需求与长远利用需求。无论是近期利用需求还是长远利用需求，都要充分发挥档案馆史料基地的作用。

3. 相对价值标准

档案的相对价值标准，是通过相互比较来衡量档案保存价值的一种标准。标准内容包括相关档案的保存状况、档案保管的条件和费用等。

（1）相关档案的保存状况

相关档案的保存状况，主要是看档案的完整程度、档案是否重复、文件的可靠程度、档案内容的可替代程度等。

（2）档案的保管条件和费用

档案的保管条件和费用，主要是在开展鉴定工作时，要适当考虑现有的保管条件与设备的承受能力，以及在保管过程中所产生的储存费用、处理费用、保护费用、参与咨询费用等。

第三节　档案的统计与利用

一、档案统计的地位和要求

档案统计是用定量的方法对档案、档案工作进行量的抽象，通过从质、量联系中对数量的观察和研究，以指标数字的形式揭示档案和档案工作中诸现象的发展过程、现状及其一般规律性。

（一）档案统计的地位

档案统计工作既是档案工作中一个独立的工作环节，同时也是保证档案工作质量、提高档案工作水平的一个有效方法。档案统计在整个档案工作中具有重要的地位。首先，档案统计是档案事业建设的一项重要基础工作，它是了解和掌握档案的形成、管理、利用情况和档案事业发展的重要手段。长期、系统地积累档案统计资料，开展管理研究和综合分析，可以进一步认识和掌握档案工作的基本规律，为提高档案的科学管理水平打下基础。其次，档案统计是制定有关档案工作的方针、政策等并检查其执行情况的重要依据。档案统计数据准确地反映出档案工作部门的真实工作情况和档案管理活动的规律，从而为保证上级决策的正确性及对所属部门的工作进行指导、监督和检查提供了可参考和借鉴的统计资料。再次，档案统计也是对档案事业发展进行监督的有效工具。统计监督对于保证国家的整体利益，对于加强各地区、各部门、各单位贯彻执行党的各项政策，完成国家计划的任务，严格维护财经纪律，同违法乱纪行为做斗争，保持正常的工作程序都是不可缺少的。档案统计可以客观地反映档案工作发展水平，从中发现问题和选出典型；赞扬先进，揭露并寻找后进原因，采取有力措施予以改进。最后，档案管理各业务环节的工作，都要取得档案统计的密切配合。档案工作各业务环节都应该做到"心中有数"，也就是对情况和问题一定要有基本的数量分析。以档案的进馆为例，在接收前，档案馆必须对档案的基本情况有所了解，对档案的数量状况进行统计，获取立档单位与档案状况的基本数据，参考本馆人力、物力、库房面积的有关统计数字，这样才能使档案的接收工作顺利开展，避免发生混乱。

不仅档案收集这个环节离不开档案统计，档案的整理、鉴定、保管和提供利用同样需要档案统计。统计是按照一定的实体（全宗、案卷等）来固定文件的组织和保管体系，因而也是保证文件安全保管的手段。统计还为按档案存放地点检索档案提供了可能，所以，没有统计的档案管理只能是盲目的管理，没有统计的档案提供的服务只能是被动的。档案统计不是可有可无的，随着档案工作的迅速发展，更有必要加强档案统计工作。

（二）档案统计的要求

对档案统计工作的要求是确保其准确性、及时性和科学性。

1. 准确性

保证数字的准确性是统计工作的根本要求。一定要坚持实事求是，如实反映情况，严肃认真地对待每一份表格、每一个栏目、每一个数字，不能马虎草率；要持认真负责的态度，务必使统计数字准确，符合客观事实，防止弄虚作假。

2. 及时性

档案统计的及时性是档案管理工作中的一个重要指标，它直接关系到档案信息的利用效率和决策的准确性。在信息时代，数据的更新速度非常快，因此，档案统计的及时性显得尤为重要。

首先，及时性意味着档案统计工作需要快速响应。当档案信息发生变化时，统计数据也应随之更新，以确保信息的准确性和可靠性。这要求档案管理人员具备高效的数据处理能力，能够迅速捕捉到档案变动，并及时进行统计和分析。

其次，及时性还体现在档案统计结果的快速传递上。在很多情况下，决策者需要依据最新的档案统计数据来做出决策。因此，档案统计结果的快速传递对于提高决策效率至关重要。这就需要建立一个高效的信息传递机制，确保统计结果能够及时送达决策者手中。

此外，及时性还要求档案统计工作具有一定的预见性。通过对历史数据的分析，预测未来档案信息的变化趋势，可以帮助决策者提前做好准备，从而提高决策的前瞻性和科学性。

3. 科学性

档案统计应用科学的标准和方法去收集、整理、分析统计资料，制定全国通用的档案统计报表。规定统一的格式、口径和标准，明确统计的范围、内容、项目和要求，以使各级档案部门有据可循，使档案统计调查工作更加科学化。

二、档案统计的步骤

档案统计工作的进行，基本上可以分为三个步骤：选定档案统计指标、档案统计资料整理与分析、案卷数量和情况检查。

（一）选定档案统计指标

统计指标的确立是进行档案统计的基础。档案统计通过统计指标来表现档案工作领域中数量方面的现象，即用数字的形式来描述档案工作中的现象、状态、水平、进程以及它的发展程度。它具有固定指标，如档案机构、人员数量、保存档案的数量、销毁档案的数量和提供利用的人次和卷次、档案馆建筑面积、库房设备等。当然，实际工作中并不需要对档案工作的每一项内容都进行统计，也不是档案工作中的任何数量表现都有必要制定相应的统计指标。

确定档案统计指标的原则有以下四条：

第一，选定的统计指标必须与档案工作中一定的数量表现联系在一起。

反映说明档案工作的现象、过程及其发展规律的数量表现，一般称为综合指标。比如反映档案馆现存档案总量的统计指标是"馆藏量"，反映提供利用工作情况可用"利用次数""调卷数量"来作为统计指标。档案统计指标必须有数量表现，档案统计指标如果在档案工作中找不到它的数量表现，也就失去了它本身的意义而没有了存在的价值。

第二，统计指标的选定要注意统一性和稳定性。

从全国范围来讲，对档案工作中的一些主要数量表现，应该有全国统一的档案统计指标。这些指标所反映的是综合情况和总体现象，而不是个别情况和局部现象。同时在档案统计领域，全国要有统一的计量单位，比如馆藏量是用长度米，辅以案卷数、库房面积平方米；利用情况是利用档案的次数和调卷数量等。档案统计指标一经确定，在相当长时期内就不得轻易变动，以保证档案统计工作的相对稳定性。

第三，统计指标要具有可比性。

统计指标是通过对档案统计的绝对数、相对数和平均数来表现的。绝对数是档案工作领域中一定现象的具体量的表现，是总量指标，同时它又是后两种指标的基础。而相对数是从对两个有联系的指标的对比中得出的一种指标，从部分到整体、从实际到计划、一个时期对另一个时期、一个地区对另一个地区等指标的对比中都可以得出相对数。保证指标的可比性是运用相对数的基本原则。在运用相对数时，必须检查所用指标是否具有可比性。例如档案馆在确定库房建筑面积前，就要对档案的收进和销毁做出预测，并计算出经过核定的档案总数与应销毁档案案卷的百分比。在档案统计中用这种对比的方法反映档案工作中某些现象之间的联系，能深入地分析绝对数所不能充分说明的问题。

第四，统计指标运用平均数必须遵循总体同质性原则。

平均数是对现象总体各单位某一数量标志进行平均，用这个结果来反映数量变化的一般水平。在统计工作中，只有在同类现象中才会计算平均数。

（二）档案统计资料整理与分析

统计调查获得的资料是分散的、大量的、原始的。为了把这些资料集中起来并使其反映宏观和微观两个方面的情况，必须对统计资料进行整理。整理的主要途径是对档案统计资料进行统计分组、归纳整理，其结果表现在统计表中。

（三）案卷数量和情况检查

检查案卷数量和情况的目的在于查明档案的实际数量是否与案卷目录上的登记相符，发现被损坏的案卷以及字迹模糊需要修复并重新装订、消毒或复印的文件。检查工作要严格以全宗为单位进行，检查周期要根据全宗的重要程度来确定。例如对含有珍贵档案的全宗，可以五年检查一次，次之可以十年检查一次或十五年一次。在遇到突然事件或意外事故，使档案遭受损失的情况下，应随时检查任何一个全宗而不受时间限制。

三、档案部门的统计工作

（一）档案室的统计工作

档案室的统计工作主要通过以下四种形式进行：

第一，卷内目录：用来登记和统计单份文件的数量。

第二，案卷目录：用来登记和统计案卷的数量。

上述两种目录是档案室必备的，是机关档案统计工作的基础。

第三，总登记簿：用来登记档案室档案的收进、移出变化情况和实存数量。它如同会计部门的总账一样，记录着档案室全部档案总量的变化情况。其具体内容如下：

登记方法。以全宗内的案卷目录为单位进行登记，以"目录"为单位来说明案卷收入和移出情况。由于档案是陆续收入和移出的，所以需要预先留一些空格，以便今后登记。

案卷收入。反映的是档案室档案的增加情况和档案室同文书部门交接案卷的情况，其中每个项目间都有密切联系。案卷的"目录中数量"与"实收数量"在大多数情况下是一致的，但有时也会不一致，即往往"实收数量"要少于案卷目录中登记的数量。这种情况说明案卷归档和档案收集工作中还存在一些问题。

案卷移出。出现下列情况才填写：案卷向档案馆移交；案卷经鉴定确定销毁；案卷遭到损坏和遗失不能继续使用。这些情况要根据领导批准的证明文件或材料才能予以登记。

另外，"目录中现有数量"一项是总结部分，"收入"减去"支出"后的实存数量是档案室已编目档案数量的总和，是各级各类统计表的基础数字。

在档案室里，如果保存了两个以上全宗的档案，则每个全宗应各自立簿登记，或者在同一本上分户登记。如果收到或保存有未编目文件，也应同已编目档案分簿或分户登记。

第四，机关档案工作基本情况统计表：档案室是档案工作组织体系中最基层的机构，它的建立情况及其保存档案数量、库房面积、档案借阅与编制等情况，对于加强档案室建设以及进一步提高档案室工作水平都是十分宝贵的材料。

（二）档案馆的统计工作

1. 收进登记簿

收进登记簿是用来对档案馆所收进的档案进行最初统计的文件。它可以使人们了解在何种情况下，何时从何处接收了处于何种状况的各种档案，了解档案馆每年接收档案全宗和案卷的数量，明确各个时期档案的增加情况，准确报告档案的接收情况。收进登记簿要按时间顺序登记所收进的文件，而不管该全宗是初次进馆还是重复进馆。收进登记簿除按时间顺序登记外，还要填写每次收进文件的基本情况：文件何时从何处以及根据什么进馆的，文件的名称、年代、数量和状况以及它们的全宗号。每进馆一次编一个顺序号，而不管这些进馆档案是来自一个还是几个全宗。

2. 全宗名册

指用来统计档案馆保存的全宗数量，并固定全宗顺序号的登记册。填写方法：每个全宗在登入全宗名册、编写全宗号后，全宗号即固定不变。

全宗单是档案馆比较重要的一种综合性登记文件，它具体反映了每个全宗档案的全面情况，是统计全宗情况的最基本的原始材料。

全宗单以全宗为单位分别登记，它在档案初次进馆登入收进簿和全宗名册之后填写，一般按全宗号的顺序排列保管。如果档案馆保存的全宗数量太多，还可以为所有全宗单另外编制一套卡片目录。

全宗单由三个主要部分组成：全宗的一般情况介绍、未编目档案和已编目档案。

全宗单这种形式可以提供关于全宗状况及目录构成的具体数字指标。在全宗单上，每一目录占一个编号；如果某份案卷目录上的档案材料已从档案馆移出，它的编号也不能再给其他目录，以免使用档案时造成混乱。在一些特殊情况下，全宗单可以重新编制。比如当全宗的材料已重新经过分类、整理和编号，全宗单已失去反映该全宗档案内容的真实性时，需要重新编制全宗单。

（三）档案业务管理部门的统计工作

各级档案业务管理部门对所属业务指导工作范围内的档案材料、档案工作情况和档案工作人员构成等基本情况，应该具体、准确、系统地了解，以便根据上级的指示结合所属地区、单位的实际情况，进行业务指导工作。

档案业务管理部门的统计工作，一方面，依靠所属档案室（馆）填报登记、统计报表和卡片；另一方面，也可以根据填报的材料进行综合分析，按照工作需要拟制填写其他统计表。档案业务管理部门应该系统、科学地管理自己的统计材料，进行必要的分类排列；并根据档案馆报送的变化情况报表，在相应的登记统计报表上补充填写有关项目，做到"账目"与实物相符，统计表上反映的材料与实际相符，为业务指导工作提供可靠的材料。

档案业务管理部门的统计工具主要是全宗卡片和全宗变化情况年度报表，还可以进行综合情况、档案机构、人员情况、档案数量与状况、档案提供利用情况的统计等。

1. 全宗卡片

是全宗单的简化形式，用来统计每一个全宗档案的情况，卡片由档案馆填写，并向档案业务管理部门报送。对其格式和内容，国家档案局已有统一规定，应由各级档案业务管理部门统一印制全宗卡片，下发所属档案部门填报，卡片由档案业务管理部门管理使用。

2. 全宗变化情况年度报表

档案馆向档案业务管理部门报送全宗卡片以后，每年应向档案业务管理部门报送全宗变化情况年度报表，说明每个全宗的档案增减变化情况。档案业务管理部门应把报表反映的情况填在全宗卡片上。

四、档案利用工作的含义

档案利用工作的全称为"档案利用服务工作"，简称"档案利用工作"，"档案提供利用"，是指通过一定的方法和手段提供档案信息，为社会各项事业服务的一项业务活动。档案利用工作的基本内容包括：了解和熟悉室（馆）藏档案信息的内容和成分、各种档案检索工具的使用方法；分析和预测社会对档案信息的需求特点，把握档案利用需求的发展规律；向档案用户介绍和报道室（馆）藏中相关的档案信息线索，积极开展档案咨询服务；向档案用户提供其所需的档案文献。

利用档案和档案利用工作是既有联系又有区别的两个概念。利用档案是指档案用户为了研究和解决某个问题而使用档案；档案利用工作是指档案室（馆）为满足利用需求向档案用户提供档案。所以，两者之间的关系应当是：有了利用档案的需要，才有档案利用工作；有了档案利用工作，才能实现利用档案。利用档案的行为主体是各类档案用户，行为目的是解决或研究社会实践中的有关问题；档案利用工作的行为主体是档案室（馆），其工作目的是向档案用户提供其所需的室（馆）藏档案信息，最大限度地满足档案用户的利用需求。弄清上述两个概念及其相互关系，有利于档案部门明确档案利用工作的范围和目的，积极主动地开展档案利用工作，为社会各项建设事业服务。

五、档案利用工作的重要意义

（一）档案利用工作是档案工作的根本目的

档案的社会效益和经济效益影响档案的保存价值。想充分发挥档案利用的价值，最重要的一点是要提供利用，在档案利用工作中了解档案的价值。可以说，档案利用工作是档案工作的出发点和归宿，便于社会各方面的利用。服务于以经济建设为中心的社会主义现代化建设，服务于政治、经济、科学、文化以及党和国家的其他各项事业，是档案工作的根本目的。

（二）档案利用工作对档案工作有促进作用

档案利用工作对档案工作具有促进作用。一方面，档案利用工作具有宣传功能，能够使人们在利用档案的过程中认识到档案的价值和档案工作的重要性，扩大档案工作的影响，增强人们的档案意识；另一方面，档案利用工作体现档案工作的成果，是衡量档案工作水平的主要标志。因此，做好档案利用工作能够促进档案工作更好地发展，提升档案工作的水平。

（三）档案利用工作是档案工作中最重要的一环

档案利用工作能够直接联系群众并为群众服务，具有很强的服务性。一方面，档案利用工作主动地向社会公众提供档案服务，满足档案用户的利用需求；

另一方面，档案用户不断对档案利用工作提出新的要求，因此，档案利用工作是不断与时俱进的。实践证明：只有搞好档案利用工作，档案工作才能开展顺利；反之则死气沉沉，无法打开局面。档案工作要开创新局面，最重要的一环就是搞好档案利用工作。

六、档案利用工作的发展趋势

（一）档案利用内容广泛化

随着全民档案意识的普遍提高，人们要求提供的档案内容已不仅仅局限在政治范畴内，而是延伸到了社会生活的各个方面。为适应此要求，档案部门的档案收集范围也不再局限于与政治有关的内容，而是呈现出内容更加广泛的显著特点，如社保档案、健康档案、人事档案、房产档案、科技档案等。这些档案与人们的日常生活联系密切，已逐渐成为档案利用的重要组成部分。

（二）档案利用方式多样化

随着信息时代的到来，信息需求的日益增加，现代信息与通信技术的广泛应用，生活节奏的加快，档案用户不仅对档案信息内容的精度与广度提出更高的要求，对提供利用方式的便捷性与多样性也要求更高。在网络环境下，档案用户可以在任何时候、任何地点快捷地查找到所需档案。这些档案也不再是单纯的文字、图形，而是包括文字、声音、图像等在内的多媒体档案。

（三）档案利用服务个性化

一是服务时间的个性化，即在档案用户希望的时间提供档案信息服务；二是服务方式的个性化，根据档案用户的爱好及特点提供档案信息服务；三是服务内容的个性化，有针对性地开展档案信息服务，使档案用户各取所需、各得其益。在今后的档案利用工作中，档案利用服务个性化将成为很重要的发展趋势。

（四）档案利用对象社会化

公民应当享有平等的档案利用权，但长期以来档案利用的局限性、封闭性使大多数公民根本不可能认识档案、利用档案，档案利用工作的对象范围非常有限。随着人们档案意识的增强及对档案利用需求的增加，档案利用工作发生了很大转变，档案用户已经涉及社会各个阶层，档案利用对象出现了社会化的趋势，有越来越多的公民开始利用档案。

七、档案利用方式

（一）传统利用方式

1. 档案阅览

档案阅览，是指档案室（馆）在特定的场所开辟阅览室，向有关档案用户提供档案信息的一种服务方式。它是目前我国档案部门提供档案利用服务的一种主要形式。

档案是记录历史的原始材料，一般都是独本、孤本，有的档案内容具有一定机密性，这决定了档案一般不宜外借。在阅览室利用档案有许多优点：一是便于保证档案材料的物质安全，不仅可避免档案的丢失，而且能减少档案的辗转、磨损，延长档案的"寿命"；二是有利于维护党、国家和各机构内部机密的安全；三是便于及时周转，提高档案利用率。

阅览室代表着档案室（馆）与档案用户产生直接联系，是档案工作发挥作用的主渠道，是档案室（馆）对外工作的窗口。外界通过它可以了解档案室（馆）的馆藏、管理和服务水平，档案部门通过它可以直接体察服务对象的要求和评价。因而做好阅览室工作十分重要，一般应注意以下四点：

第一，阅览室的设置须兼顾优质服务和严格管理两方面。阅览室要适于阅览和从事研究，既便于调卷，又要求明亮、宽敞和安静。一般应有服务台、阅览桌和存物处等服务设施，阅览桌以无抽屉为宜，以便于管理人员进行必要的监护。为方便利用，还应准备历史、地理、政治、经济、文化和语言等方面的工具书以及与所有档案密切相关的参考材料。

第二，为维护阅览室秩序和档案的安全，阅览室应制定必要的规章制度。其内容包括严格明确阅览室接待对象、档案材料的阅览范围、批准权限，并办理档案索取和归还手续，以及档案用户使用档案的若干具体规定等。

第三，档案工作者需要有良好的工作作风和扎实的业务基本功。档案工作者既要主动热情，急利用者之所急，又要熟悉政策、精通业务，如熟悉馆藏和各种检索工具等，擅长对外接待工作。同时，还要有认真负责的精神，注意提醒档案用户遵守有关规定，在借出和收回档案时仔细检查材料状况，维护档案的完整与安全。

第四，为了保密和保护档案，对于残旧、易损害和特别珍贵的档案，最好提供复制本。尚未整理的零散文件一般不外借，有特殊情况必须借阅时，要逐件登记。对已整理编目而没有装订的案卷，也要采取类似的措施。档案用户必须爱护档案，不得在文件中做任何记号和涂改。档案用户不能将档案带出阅览室，阅毕的档案应及时归还，认真清点。

2. 档案外借

档案外借，是指档案室（馆）为满足某些需要档案原件或副本作证据等的特殊利用需求，暂时将档案借出室（馆）外使用的一种利用服务方式。机关档案室将档案原件外借给本单位的领导和有关业务部门的情况比较多，如果认为有必要，档案室还可采取"送卷上门"的主动服务方式，充分发挥档案的作用。在档案馆的提供利用活动中，档案工作者对那些珍贵的或易损坏的文件、古老文件，以及特殊载体的档案文件，一般不能借出馆外使用。档案外借工作必须做好以下三方面工作：

第一，健全档案外借制度。只有在档案用户，特别是党政领导机关或司法机关必须将档案原件作为证据的特殊情况下，才可将档案原件借出室（馆）外使用。外借档案的时间不宜过长，以免遗失、失密与泄密。借出档案时，应办理严格的交接手续，并查明外借档案文件的份数及状况。外借档案的数量应予以控制，一次借出室（馆）外的档案数量不宜过多，以免影响其他利用者查阅使用。档案借出后，应填制代卷卡（单），放置在档案原来的位置上，以便档案工作人员掌握档案的流动和利用情况。归还档案时，档案工作者必须认真清点，并在借阅登记簿上注销；如果发现外借档案被污损、拆散、撕破、抽换、散失等，则应及时向有关领导或主管部门汇报，以求妥善处理。

第二，做好档案外借登记。档案室（馆）应监督档案用户填写清楚档案借阅单，做好档案外借登记工作。开展此项工作的目的，在于掌握有关档案用户借阅了哪些档案及副本，了解有关外借档案的去向，控制档案的归还时间，明确借阅使用档案的责任。

第三，及时催还外借档案。对借出的档案已到归还期限仍迟迟不归还的，档案部门要及时地向借阅者催还。其目的是避免档案因长期滞留在档案用户手中而影响其他借阅者使用，加快档案利用的周转率；同时也是避免出现损坏、散失、失密和泄密现象，维护档案完整、安全的一项措施。

3. 制发档案复制本

制发档案复制本，是指档案室（馆）根据档案用户的需求，以档案原件为依据，通过手抄、静电复印、拍照、投影晒印、摹写等复制方式，向档案用户提供档案复制本的一种利用服务方式。根据不同的利用需要，档案复制本可分为副本和摘录两种。副本可反映档案原件的所有组成部分，摘录只是选取文件的某些部分、某个问题或某个事实。

制发档案复制本以提供利用具有较多的优点。一是可以使档案用户不用到档案室（馆）就可以随时参考所需要的档案材料，为党和国家各级机关广泛利用档案创造了便利的条件。二是可以在同一时间内满足较多档案用户的利用需要，使档案更充分地发挥作用。三是可以代替原件提供利用，减少了对原件的损耗，有助于档案原件的保护和流传。四可以防止档案原件毁于天灾人祸起到有备无患的作用。

提供档案复制本也有它的局限性。一是档案用户总想看到原件，因某些证据利用需求而对复制本感到不满足。二是对印发的档案复制本不易控制，不利于保密。因此，档案室（馆）应努力提高复制技术水平，尽可能使复制本近似于原件，尽量满足不同的复制利用需求。同时，在确定制发范围和批准权限时要谨慎。

制发档案复制本可同阅览室工作相结合，也可单独规划与组织，一般是档案室（馆）根据自己的设备条件和档案用户的要求进行的。首先由档案用户提出所要复制的档案，并说明用途、复制要求和数量，办理一定的批准手续后进行复制。档案复制本必须与档案原件细致核对，并在边上或背后注明档案室（馆）的名称、档案原件的编号，加盖公章，以示对复制本负责。

4. 档案展览

档案展览，是指档案收藏部门按照一定的主题，以展出档案原件或其复制品的形式，系统地揭示和介绍档案室（馆）藏中有关档案的内容与成分的一种利用服务方式。

展览的主要形式一般有两种。一是长期性的展览，即在档案馆内常设档案陈列室，陈列馆藏中有关国家、民族、本地区、本馆历史的珍贵文献和档案材料。二是短期性的展览，就是档案馆根据形势需要和馆藏实际情况，积极配合国家重大政治活动、纪念活动、杰出历史人物纪念活动，举办各种专题档案展览。

档案展览的作用主要表现在以下两方面：

第一，宣传教育作用。经过选择和组织展出的典型材料，能以档案的原始性、生动性和形象性给观众留下深刻的印象，起到生动的宣传教育作用。

第二，发挥档案特有的作用。参展的档案材料一般是经过精心挑选的，其中有的还属于珍品，其能以原始性、丰富性和独有性发挥档案特有的作用。

举办档案展览既要突出思想性，又要体现一定的科学性、业务性和艺术性。为使其达到满意的效果，首先要选好展览主题，然后精心选取和组织材料。档案馆根据自身的条件，可在馆内设立长期的展览厅（室），陈列本馆保存的有关国家、民族和本地区、本馆历史的珍贵文件，使人们一进入档案馆就能对档案有所了解，引起社会对档案的重视。档案馆平时应配合各种工作和有关活动，酌情举办各种类型的档案展览，如历史档案展览、艺术档案展览、各种专题展览，还可配合各种纪念活动组织有关人物或事件的展览等。档案室为配合当前的工作任务和机关的有关工作，可举办各种小型的展览，如工作或生产、科研成就、工作成果、公文质量、规章制度展览等。

档案展览可以由一个档案室（馆）单独举办，也可由几个档案室（馆）联合举办，或与有关单位联合举办；可经常性地长期陈列展出，也可以临时展出。展览陈列的地点和方式，可根据需要和条件或固定展出，或巡回展出。要对入选档案进行合理分类，编写前言、各部分标题、提要和介绍。围绕主题查找和挑选展出的档案，是组织展览过程中最重要的一环。档案展览内容的思想性、科学性和效果，往往取决于展出档案的内容和种类，因此，要选择最有价值和最有意义的材料，特别是选择能真实反映历史事件、揭示事物本质的材料。选择展出档案时，需要对形成档案的历史环境、事件始末进行深入的了解和研究，只有以历史唯物主义的观点，在深入研究材料的基础上选择档案，才能准确地反映问题的本质。

5. 制发档案证明

制发档案证明，是档案室（馆）根据档案用户需求，结合馆藏档案记载情况而出具相应书面证明材料的一种利用服务方式。在社会生活中，一些组织或个人为了处理或解决某个问题，需要档案室（馆）提供档案中所记载的有关问题和事实的证明材料。如公安、检察、司法机关需要审理案件，个人需要有关身份、工龄、学历、财产等方面的证明材料。

档案证明必须根据机关、团体或个人的申请才能制发。申请人须写明申请制发档案证明的目的，所要证明的事项及其发生的时间、地点等情况，以便档案室（馆）对申请书进行审查以及对证明材料进行查找与编写。档案证明应根据档案正本或可靠的抄本来编写。只有在没有正本或可靠抄本的情况下，才根据草案、草稿来编写，并在证明上加以标明，如未经签署、记录草稿或试行草案等。不论根据什么材料编写，都要在档案证明上注明材料出处和根据。档案证明中的文字要确切明了，内容范围要限定，不能超出申请证明的问题范围而列入其他材料。

档案室（馆）是管理档案的机构，不是国家公证机关，它不能代替其他机关行使职权。档案室（馆）所发的档案证明，只是向有关机关或个人证明某种事实在本室（馆）所保存的档案中有无记载及如何记载的，而不是直接对某种事实下结论或给予某种权利。因此，在编写档案证明时应以引述或节录档案原文为主要方法。如果必须由档案工作者根据档案内容综合或摘要叙述时，务必保证表述的准确性和真实性。编写档案证明的档案工作者不能擅自对材料进行解释，否则证明材料就失去真实性，不能起到凭证作用。如发现档案材料互相矛盾，应将几种不同的材料同时列入档案证明中，以供使用者分析研究。

在档案证明中应写明档案证明接受者（申请者）以及制发档案证明的档案室（馆）的名称和证明制发日期。档案证明写好后，在经过认真核对、审查批准后，须加盖档案室（馆）或机关公章发出。制发证明需要注意：档案原件是制发证明的依据，引述原文是制发证明的方法，加盖公章是制发证明的标志。

6. 档案咨询

档案咨询，是指档案室（馆）根据档案解答问题的形式，向档案用户提供档案信息及有关情报的一种利用服务方式。

档案咨询的种类，可以从不同角度划分：

首先，按内容性质，可将档案咨询分为事实性咨询、指导性咨询与检索性咨询。事实性咨询，是指档案室（馆）解答档案用户关于特定的事项或数据的询问。指导性咨询，是指档案室（馆）对档案用户查阅档案过程中产生疑难问题时进行指导服务。检索性咨询，是指档案室（馆）根据有关档案用户的需求，主动地提供情报（包括相关的事实、数据、目录信息等）咨询服务。

其次，按难易程度，可将档案咨询划分为一般性咨询和专门性咨询。一般性咨询，是指对档案用户提出的档案室（馆）的基本情况、档案利用制度、所藏档案的种类、内容与成分等方面的询问所进行的解答服务。专门性咨询，是指根据对有关档案材料的分析研究结果，解答档案用户特定档案的研究价值、文件中记载的事实或数据的真实性与可靠性、文件中某些术语的含义，以及有关专题档案文件的范围等方面的询问。

最后，按咨询形式，可将档案咨询划分为口头咨询和书面咨询。口头咨询，是指以口头解答或电话答复档案用户询问的一种服务方式。书面咨询，是指以正式的书面材料解答档案用户询问的一种服务方式。

在实际工作中，只有将各种咨询服务方式有机结合起来，才能有效地开展这项工作，及时解答档案用户提出的相关问题。

档案咨询的步骤一般分为以下四个程序：

第一，接受咨询问题。对档案用户在借阅档案时提出的问题，较简单和有把握的应立即回答；问题比较复杂的，要记录下来进行研究后再予以答复。无论档案用户是当面还是用电话咨询，凡是不能即刻解答的，或让档案用户稍候，或另约时间。总之，应从方便档案用户出发，使之省时、省事，又获得满意的结果。必须指出的是，不是用户所提一切问题都要解答。如果其所咨询的内容超出咨询范围，或涉及党和国家机密，或属于家庭与个人隐私而不宜公开的问题等，可以说明相关情况，谢绝解答。

第二，查找档案材料。根据档案用户提出的咨询问题深入分析研究，确定查找范围，选定检索工具，明确检索途径和方法，查找有关的档案材料。

第三，答复咨询问题。通过一系列的工作，找到档案用户所需要的档案材料即可答复其所咨询问题。答复咨询的方式，视具体情况可直接提供答案、提供档案复制本、介绍有关查找线索等。提供档案材料时要注明出处，包括作者、文种、形成时间、档号（全宗号、目录号、案卷号、页号）等。若档案中对同一事实有不同记载，要全部提供给档案用户，由档案用户分析判断，决定取舍。

第四，建立咨询档案。回答咨询问题时应有目的地建立咨询档案。凡是重要的、有长远参考价值的，或者可能重复出现且解答不了的问题，都应做完整的记载，包括各种原始记录、解答咨询的过程、最后的结果等。建立咨询档案对于全面掌握咨询情况、总结经验、改进工作及探索规律都有重要意义，是一种有参考价值的材料，应该持久地连续积累并发挥它的作用。

（二）网络利用方式

所谓网络利用，是指档案部门运用信息技术，通过网络提供档案的一种利用服务方式。它具有综合性强、内容丰富、形式多样、传播迅速、方便快捷等特点，与传统利用方式相比有明显的优越性：第一，有利于档案信息资源共享；第二，有利于提高档案利用率；第三，有利于保护档案原件。在网络环境下利用档案，可以打破单位、部门、行业、系统、地区间的界限，实现档案信息资源共享。档案用户只要拥有一台可上网的计算机，便可随时随地浏览网上全球各类档案信息，包括文本、图片、音频、视频等多媒体信息。档案用户之间、档案室（馆）之间、档案用户与档案室（馆）之间的地理距离将因网络连接而消失，彼此之间的交流与合作将变得频繁而快捷。

1. 档案网络利用的主要途径

（1）档案数字化

数字化主要是针对馆藏档案来说的。网络将成为档案利用的重要手段，通过网络提供档案利用服务，就必须实现馆藏档案的数字化。档案的载体类型不同，采取的数字化手段也不同，如纸张和照片档案利用扫描仪，录音和录像档案利用采集卡，转成数字文件后存储到计算机中。馆藏档案数字化工作的重点，是数字信息质量、数字信息存储格式和数字信息备份问题。质量是可用性问题，是档案用户满意程度的重要衡量标准，是实现网络利用的前提。选择合适的存储格式对于档案的长期保存和易于访问同样重要。统一和标准化的存储格式有助于提高档案的兼容性和互操作性，确保档案信息能够在不同的系统和设备上被有效利用。为了保障档案信息的安全，必须实施有效的备份策略。定期备份可以防止数据丢失或损坏，确保在发生意外情况时能够迅速恢复档案信息。

（2）档案网络化

网络化就是将已经数字化的馆藏档案和电子档案上传至网络，让档案用户通过网络就可利用档案信息。网络是提供档案网络利用的物质基础，建设网络需要专业技术人员介入，网络建设质量的高低直接影响信息安全的程度及档案利用的方便性和快捷性。档案用户只要拥有网络终端，便可浏览档案馆在网上提供的文本、图片、音频、视频信息。档案网络建设一定要合理和科学，网络建设是实现档案网络利用的技术基础。

（3）档案标准化

要实现档案信息在网络环境下的长期可利用和可交换性，标准化是前提。加强标准化体系建设是提供档案网络利用服务的前提和基础。标准化体系应包括馆藏档案数字化过程的标准化、形成电子档案的标准化、电子档案存储与交换格式标准化以及元数据的标准化。没有标准化，就无法实现档案信息网络化，利用网络提供档案利用服务也只能是空谈。

2. 档案网络利用的主要措施

（1）建立档案数据库

建立数据库是组织网络信息资源的重要方式。这种方式就是将要处理的数据进行合理分类和规范化处埋后，以记录的形式存储于计算机。通过建立数据库来组织信息资源可极大地提高信息的有序性、完整性、可理解性和安全性。主要可建立以下两种数据库：

一是以馆藏档案数字化为基础的馆藏档案数据库。这种数据库在国外被称为"公用数据库"，通常用于馆藏档案的数字化建设项目，代表项目有美国杰斐逊档案数字化项目和英国国家档案数据集数字化项目。

二是以归档电子文件为基础的电子文件数据库。这种数据库在国外被称为"公用信息系统"，通常用于电子文件和电子档案的数字化建设项目，代表项目有美国的数字档案馆项目和联邦政府的电子档案馆项目。

（2）建立网络档案检索系统

档案网络利用涉及多方面的内容，但其核心和关键环节是信息资源的有效检索。网络档案检索系统建设面临许多新的课题，如前期基础工作的组织与实施、信息检索系统的功能、适用于网络信息组织与管理的方法和技术、网络环境下对信息的筛选与过滤等。只有建立高效的网络档案检索系统，才能满足档案用户的需求，具体表现如下：

一是满足档案用户查找信息的求全和求准需求。对查找信息的求全需求，指档案用户为了达到解决问题的目的而查找相关档案信息，需要尽可能掌握有关这一问题的全部材料，通过对这些材料的全面分析研究而得出结论。同时，无论是出于查证还是参考需要，档案用户都希望所获得的档案信息最具有针对性，并和利用目的具有相关性，这就是对查找信息的求准需求。

二是满足档案用户对利用速度的求快需求。档案用户为了能够顺利地解决问题，总是希望尽早地获得所需的档案信息。这种在最短的时间内查找到最全面、最准确信息的时效性需求，就是档案用户对利用速度的求快需求。网络档案检索系统的快速反应在一定程度上满足了档案用户的这种需求。

三是满足档案用户对利用途径的求易需求。档案用户对利用途径的求易需求被称为"档案用户需求心理的求便规律"。求易需求具体表现为：档案用户希望通过网络档案检索系统和预约调卷系统远程查阅档案；希望在利用档案时所要办理的手续相对简便；希望检索系统界面友好，能够容易地获取档案信息。

（3）建立档案信息网站

档案信息网站指将经过选择的、系统的、符合专业体系要求的信息提供给档案用户，以满足其对某一领域或某一方面信息需求的网站。其目标在于节省档案用户的查找时间和通信费用，提高查准率、查全率。档案网站总体上具有以下基本功能：

一是宣传功能。档案信息网站通过网络在档案机构和网上用户之间架起了一座桥梁，它可以充当档案机构的广告牌，通过网站宣传改善档案工作的社会形象。利用网站宣传档案工作的优点主要有：传递迅速，即时性、直接性突出；多媒体技术的应用增强了网站的亲和力，容易被广大用户接受；具有极强的交互性、双向性，能取得较好的宣传效果；宣传面较广，受众广泛，可以到达全世界每一处能上网的地方；反馈渠道多样及时，灵活有效，如通过电子邮箱、网络论坛、即时通信软件等方式进行反馈；档案宣传和档案利用结合得比较紧密，在宣传的同时也可以提供档案信息利用；给予档案用户主动选择的自由，更加人性化。

二是服务功能。建设档案信息网站最大的动力和成果是对档案利用工作的拓展和延伸。当前，中央及地方各级档案馆进一步扩展了其教育与服务功能，将各级各类档案馆建成保管重要档案的基地和爱国主义教育基地，建成为改革开放和现代化建设事业提供档案信息服务的中心。档案信息网站提供丰富的馆藏档案信息资源，使档案用户能够借助网络实现即时档案信息查询，并通过网络完成档案信息的传输。同时，档案信息网站发布的各种规范、指南、标准，对档案馆及档案专业技术人员的培训，以及档案学术研究成果的发布等信息，对档案工作者开展工作、提高理论与实践水平具有不可低估的作用。

三是交流功能。档案信息网站的交流功能，指档案信息网站为档案机构之间、档案机构与档案用户之间的交流提供了一个平台。交流是网站提供个性化服务的前提条件，交流也促进了档案工作实践的进步和理论水平的提高。档案工作者通过电子邮件、QQ、微博、微信等方式与档案用户交流，及时收集、分析档案用户的反馈信息，了解档案用户的个性化需求，可以不断改进工作，为档案用户提供更好的服务。

四是教育功能。作为历史的原始记录，档案承载了最真实、最生动的传统文化，民族历史、反抗侵略战争、革命先烈、建设祖国、对外交往等方面的档案材料是最好的爱国主义教材。档案信息网站可以通过揭示档案馆丰富的馆藏信息资源，成为具有自身特色的爱国主义教育基地。

第三章

档案信息数字化管理

第一节　档案信息数字化简述

一、档案信息的数字化

（一）档案信息数字化的目的

档案信息化建设的根本目的是最大限度地发挥档案资源的价值。档案部门配备电脑构建信息网络，只是铺设了档案信息利用的"高速公路"，而这些"高速公路"能否真正发挥效能，则取决于有无充足的运送对象——数字档案资源。对传统档案进行数字化，旨在为信息传输"备货"，其意义不言而喻，具体目的有以下三方面。

1. 提高档案信息的利用效率

数字化后的档案可以在网络环境中提供利用，充分发挥网络传输面广、快捷便利的特点，解决传统利用方式中多用户同时利用带来的矛盾。数字化后的档案可以与办公系统生成的现行电子文件在同一系统中提供利用，极大提高了文档信息的利用效率。

2. 保护历史档案，规避安全风险

许多历史档案因物理老化或保管不当而脆弱易损，如不及时"抢救"，很可能彻底损坏，通过制作其数字化副本代替原件流通利用，可保护重要历史档案免遭进一步损坏。通过异地存放多套档案数字化副本，可以确保档案信息的安全，规避各种自然灾害或人为损害对档案信息可能带来的灾难性后果。

3. 缓解库房空间紧张，便于档案移交工作

对于日益增多的非永久保管的半现行文件，可通过制作数字化文本来取代原件进行保管，可以缓解档案库房保存空间的压力，提高空间利用率。以数字化档案代替档案原件，以档案"信息流"代替档案"物流"，可以解决已到移交年限档案的移交与利用之间的矛盾，便于档案移交工作的正常执行。

（二）档案信息数字化的原则和要求

1. 规范性要求

规范性是开展档案信息数字化最基本的要求，也是确保数字档案信息可用性的基本条件。规范性要求的内容是：所有数字化的档案信息必须按照规定的技术模式、文件格式和工作标准进行数字化，并尽可能采取通用标准。

档案数字化的目的是利用网络这种新的信息传递方式来提供档案服务。因此，数字档案信息的存储与传递必须制定并采取各方认可的规范与标准，以避免因存储格式和软件平台的不同而不断转换，造成资源浪费和时间延误，降低信息存储与传输的效率。

2. 安全性要求

（1）确保档案原件的安全

数字化需要对档案原件进行扫描、录音或摄录，因而有可能对原件进行拆卷、加工或其他必要的处理。由于被数字化档案大多数是要继续保存的，在数字化处理过程中必须最大限度地保护档案原件，尽量避免造成档案原件内部特征和外部特征的不可逆变化。否则，一旦发现处理质量后不满意或者处理好的数字化档案信息被破坏和丢失，便没有挽回的余地。对于具有文物或史料价值的档案，遵守这一点尤为重要。为将数字化工作对档案原件的安全威胁降至最低，必须仔细设计档案信息数字化的工作流程，制定严格的操作规程，确保数字化工作安全有序地开展。

（2）维护档案信息的保密性

虽然被数字化的档案大多数是开放文件，不具有保密性，但是为了保护档案原件或为备份拟移交文件而进行的数字化，则可能涉及保密档案。档案数字化工程通常有外来人员参与或交由专门的数字化公司承担，为此对参与数字化工作的

公司和人员应进行严格的安全保密教育，签订安全保密协议，限定其操作权限和保密责任。对于内容十分敏感或者有非常严格使用范围的档案文件，应考虑由专门人员采用专门的设施进行数字化。数字化后应将过程中缓存在操作终端或服务器中的相关文件彻底删除，以免失密。

3. 原真性要求

档案信息的数字化必须确保信息内容的原真性。数字化是对档案信息存在形式的变换，这种变化犹如对档案原件进行复制一样，可能出现复制件内容与原件内容不一致的情况。忠于档案原文是档案工作者的天职，在档案信息的数字化过程中，必须严格维护数字化档案信息内容的原真性，最大限度地保留档案信息的原始面貌。如果数字化后的档案信息大量丢失原载体上的信息内容，那么，档案数字化将失去意义。

事实上，由于技术和文件体积上的限制，因数字化造成档案信息某种程度上的失真将不可避免，为此，在选择文件格式、技术参数和处理方法时，必须在文件精度、文件大小和系统处理速度上进行权衡，优先考虑文件的保真度，力争将信息失真降到最低限度，至少应限制在可允许的范围内。

4. 效率性要求

档案数字化工作面广量大，耗时耗财，必须十分讲究工作的效率与效益。效率原则有以下两方面的要求。

（1）要采取最优化的技术方案

应在充分研究的基础上选择最优化的档案数字化方案，包括最优化的工作流程、最合理的文件格式、最有效的信息存储模式和高效、经济的数字化加工系统。技术方案决定着整个数字化工程的成败和效率，而高效率的数字化加工系统更是档案数字化工程的"善事之利器"。数字化加工系统的效率与设备投入的多少并不成正比，高效的数字化加工系统是硬件设备、软件系统和工作流程的合理配置，一味追求高配置的硬件设备，讲究扫描仪的扫描速度，而忽视软件处理效率和加工力量的配备，会因设备利用率低下而造成浪费。多数情况下，配置两台中速扫描仪要比配置一台高速扫描仪的性价比更高。

（2）要实现档案数字化工程的专业化和社会化

对传统档案的数字化是档案工作从纸质时代向数字时代转型的过渡性工作。

在过渡阶段，由于传统档案存量较多，需要集中处理，数字化任务比较繁重。但存量得到解决后，随着无纸化办公的进一步发展，档案数字化任务也就基本完成了。因此，对大部分档案馆来说，数字化只是阶段性工作，至少经过一个阶段后工作量会锐减。每个档案馆都配置庞大的数字化加工系统是没有必要的，可以通过相互合作或借助外部的数字化公司来集中解决过渡时期的档案数字化任务，由此以较低的成本获得专业化服务，避免大量高配置设备的低利用率，从而提高整个社会的档案数字化劳动效率。

5. 实用性要求

档案数字化需要较高的投资成本，开展该项工作之前必须分析其实际效益，明确其必要性。对档案进行数字化可能出于各种目的，但归结起来不外乎两点：为保护档案尤其是濒危档案而制作数字化复本，或为实现网络环境下的共享利用而数字化。通过深入分析可以看出，无论出于何种目的，都只需要进行有限范围内的数字化工作。

首先，需要用数字化副本的方式加以特别保护的濒危档案只是少数，况且这种利用替代式保护只是权宜之计，无法从根本上解决这类档案的长久保管问题；其次，为网络共享进行数字化，必然要考虑拟数字化档案的实际利用率，数字档案在寿命期内的网络利用频度足以抵偿其不菲成本的只是少数；最后，互联网是超越时空的虚拟环境，存储在网上某一节点的数字化档案信息可以方便地被整个网上的所有用户使用，原有的时空阻隔被完全打通，许多原来因地域隔阂而重复保管的档案信息在网络环境中将成为冗余信息。档案机构在确定拟数字化档案的范围时必须充分考虑网络共享的这一特点。

二、档案信息数字化的标准

（一）档案信息数字化工作的宏观组织

1. 加快档案数字化标准规范建设

国家档案局要责无旁贷地承担起档案数字化相关标准的制定工作，并严格监督这些标准、规范的执行情况。目前，我国虽已出台相关规范，但规范范围有限，照片、录音、录像、缩微胶片的数字化标准仍未问世。由于国家标准出台相对滞后，落后于实际工作的需要，导致各地早期数字化的档案资源缺乏规范，形式不一。加快档案数字化标准体系建设是档案数字化宏观管理的首要任务。为保证数字化档案资源与数字图书、情报以及其他文献信息检索利用的一体化，国家档案局应积极联合图书、情报部门，制定共同的技术标准，建立统一的技术模型和技术规范，以实现不同数据资源的无缝整合，提高信息资源的利用效率。

2. 建立档案数字化工程中心

各级档案行政主管部门应组织资源成立地区档案数字化工程中心。档案数字化工程中心的基本任务是开展档案信息数字化技术研究，提供档案数字化技术咨询，专业从事档案数字化加工。档案数字化工程中心可以采取灵活多样的组织机制，既可以是非营利的事业机构，也可以是商业化的经济实体；可以是地方档案馆的下属部门，也可以是多方合作的股份公司。无论采取何种组织形式，档案行政主管部门在中心的运行过程中应有专业"话语权"，能够通过合法的形式对其进行指导、监督与控制，以保证档案数字化工作的规范、有序。

3. 建立档案数字化机构认证制度

对从事档案数字化的机构实行认证、许可制度应成为发展的一个方向。质量认证和许可证制度是现代经济的重要组成部分，目的是控制生产者和生产过程的规范化，确保产品质量。认证分为商业性认证和法规性认证，后者具有强制性。目前，数字化档案信息的法律地位正在逐步得到认可，作为法律证据的数字档案信息不仅要有可信的来源，而且要由可信的机构对其进行数字化处理，包括嵌入验证其信息真实性的数字水印等。目前除档案部门外，从事档案数字化工作的有各类文献信息机构或其下属经营开发公司、信息技术公司、新闻出版机构等，这些机构的技术力量和管理能力参差不齐，基础条件不同，经营运作纯市场化，追求的是经济利益的最大化。

4. 启动档案数字化工程

档案工作是国家的一项基础性事业，不可能实现产业化。档案的数字化需要大量的经费支撑，对公共档案而言，这些经费主要来自政府的财政预算。为了加快档案数字化建设的步伐，引起各级地方政府的重视，国家档案局和地方档案行政主管机关要力争启动国家或地方的"档案数字化工程"或"数字档案馆工程"，以获得专项经费的支持。

（二）数字化档案文件格式的选择

1. 数字文件格式的实质

数字化的实质是信息记录方式和载体形式的变换。传统的档案信息以图、文、声、像等形式记录于纸张、胶片、磁带等传统载体上，这些信息经过数字化后，以数字代码的形式加以记录，即这些图、文、声、像信息按照某种规定的方式变换成数字代码的组合，并被转录到磁带、磁盘、光盘等数字载体上。

2. 数字化档案文件格式选择的基本要求

档案保管利用的长久性要求所选文件格式具有相对稳定性和对技术环境的相对独立性。文件格式必须在数字化之前选定，并且一经选定只能一以贯之。格式的随意改变或多样性将造成难以想象的困难。然而，数字文件格式本身处于不断发展之中，新的格式层出不穷并日臻完善。这种"稳定性要求"与"变动性现状"之间的矛盾，使得数字化档案文件格式的选择成为一个重要课题。根据所表达信息类型的不同，数字文件格式分为图形图像格式、音频格式、视频格式等。不同信息类型的档案，所选择的文件格式不同。

（1）文件的保真度

"忠于原文"是对档案数字化的基本要求。数字化可以看成对档案内容的拷贝，这种改变信息表达方式的拷贝过程极易造成内容的失真。为此，在选择文件格式时要考虑其保真程度。数字化档案目的不同，对信息保真度的要求也不同，但无论如何，档案数字化对保真度的要求要高于其他文献。严格地说，任何格式的数字文件都存在不同程度的信息失真，关键是将失真度控制在可允许的范围内。

（2）文件的大小

高密度存储始终是档案管理追求的目标。档案文件卷帙浩繁，即便只是其中少数精品数字化，也将占用巨大的存储空间。也许在起步阶段，档案数字化在存储空间上的压力并不大，但与一般文献的数字化不同，数字档案文件通常需要长久保存，其累积占用空间是十分惊人的。为此，在选择文件格式时必须将文件的大小作为一个重要的因素予以考虑。

（3）与软硬件平台的相对独立性

大多数数字文件需要长期保存，为此，在选择数字化文件格式时，拟选格式对软硬件平台的依赖程度是一个十分重要的因素。

文件格式根据其对软硬件环境的依赖性可分为应用软件专用格式、中间转换格式两种。应用软件专用格式是某种应用软件在运行过程中为其数据对象自行规定的记录格式。专用格式虽然能够保存文件信息，但对特定软硬件环境具有很强的依赖性，其存储处理和还原受到操作系统、应用软件版本等的限制，要"原汁原味"地再现档案的原始面貌，必须重构这种专用格式特定的生成环境，包括操作系统、特定版本的应用程序，甚至特定的硬件平台。在经过较长时间后，再建某种专用格式的生成环境不仅投资很大，而且通常难以实现。因此，应用软件的专用格式并非数字化档案的明智选择，无论这种格式的技术支持有多好，除非这种专用格式已经成为事实上的标准。

中间转换格式是按照跨应用软件跨软硬件平台要求为同类专用格式相互转换而设计的数字文件格式，如图形图像文件的 TIF 格式、PDF 格式等。作为各类专用格式相互转换时的中介，各种应用软件都尽力支持中间转换格式，因此，中间转换格式具有较大的通用性。中间转换格式的优点十分明显，由于能在不同操作系统和硬件平台上使用，不受数字环境的限制，因此便于资源共享和长期保管。以这类格式保存的数字文件，需要迁移的频率较小，迁移过程相对简单，数据丢失的风险减小。数字化档案应尽量选择中间转换格式。

（4）通用性

通用性是指某种数字文件格式被用户和业界广泛使用和支持的程度。具体表现为：选择该种格式的信息系统的相对数量，各类应用系统对该种文件格式的技术支持或兼容性，获取该格式工具软件或应用系统的便利性，该种格式的技术开放程度等。

档案信息数字化的根本目的在于利用，因此，所选的文件格式必须考虑广大档案用户的利用环境，即用户软硬件环境对所用文件格式的支持程度。显然，选择通用性较强的文件格式会得到更多用户环境的支持。事实上，一个文件格式之所以流行，不仅因为这种格式自身具有种种优势，而且在于这种格式获得了更多的技术支持，其利用环境的建立十分便利。比如用户可以通过网络或其他途径方便、廉价甚至免费地获得其生成、阅读、处理、转换所需的各种工具软件，或者大多数用户已有的应用程序兼容这种文件格式。

文件格式的通用性通常与其技术开放性相关。技术公开的文件格式，便于众多应用系统的开发者实现对该种文件格式的兼容或支持，从而增加其流行度。而通用性的加强，又迫使更多新的应用系统以这种格式为规范，以求达到与其兼容。反之，具有技术专利的文件格式通用性必然受到限制。

（5）标准化程度

每一种类型的文件都有多种多样的格式，这些文件格式的产生源于三种情形：配合特定应用软件及其软硬件环境而制定的格式；计算机相关厂商为占领或规范市场而推出的文件格式；国际性组织或协会为规范、统一起见，而推出或推荐的某种文件格式，或者对某类格式做出的某些技术规范，如国际标准化组织和国际电话电报咨询委员会为数字图形图像文件制定的国际标准 JPEG 格式、为音频文件制定的压缩技术规范 MPEG 等。

选择数字文件格式时应优先考虑标准格式或规范化程度较高的文件格式。这一方面是出于所选格式的通用性、技术开放性考虑；另一方面，标准格式或规范化程度较高的文件格式通常在技术上更为合理。

需要指出的是，一个标准格式的形成是要经过时间考验的，在许多情况下需要 3~5 年甚至更长的时间。在标准格式问世之前，某些被业界或用户广泛支持、使用的格式，由于已牢固占领并主导市场而成为事实上的标准格式。

3. 档案数字化的目的

（1）受制于数字化工作的目的和性质

文件格式的选择还受制于数字化工作的目的和性质，目的不同，所选的数字文件格式就有可能不同。档案数字化工作的目的之一是长期保管，为保管目的而数字化存在两种不同情形：其一，使用数字化复本替代原件长期保存和使用，原件销毁；其二，为达到重要档案原件制作异地保管的数字化复本。显然，"替代性保管"和"复本保管"对数字化工作的要求是不同的。对于前一种情况，数字文件内容上的"原真性"要求和长期保管的安全性要求远高于后者。为此，"替代性保管"所选的数字文件格式必须具有良好的还原性、安全性，其识读、显示出来的数字文件在内容上应与原件完全一致，在原件销毁之前要严格地比对、鉴定，并能通过数字签署等技术固化数字文件的内容，防止保管、利用过程中信息被篡改。因此，"替代性保管"对有损压缩格式的选择应十分小心，即便采用，也必须将压缩比、分辨率、采样频率等技术参数的设置限于能够维持档案原貌的限度，不能过多地考虑存储容量问题，而拟选格式是否具有安全管理和数字签署功能倒是一个重要的考虑因素。"复本保管"对数字文件格式的选择要宽松得多，主要考虑在维护原真性的前提下如何缩小文件的大小和日后文件还原的便利性。

（2）数字化目的内容

对档案进行数字化更多的是出于利用目的，主要是为了快速、便捷地利用档案的信息内容。为利用而数字化对数字文件原真性的要求要比为保管而数字化低得多。为利用而数字化同样要区分两种情况：网络利用和非网络利用。非网络利用的范围十分有限，目前主要通过将数字化档案封装打包成光盘的形式发行。这种形式的数字化与制作、发行一般文献的光盘资料无异，注重短期利用效果，因此，选择文件格式时应更多地考虑拟选格式的通用性和文件的大小。由于以光碟的形式打包发行，有时可能选择更具针对性的专用格式，只要利用起来方便倒也无可厚非。网络利用是数字化档案利用的主要形式，如网站档案信息公布、网上档案传输服务等。由于受到带宽的限制，网上档案利用尤其是网上实时响应对文件大小的控制近乎苛刻，此时选择文件格式不能在文件"质量"上做过多要求，只要能提供所需的信息即可。近年来，专门针对信息资源的网络利用推出了众多"流媒体"文件格式，这类格式对档案的网络利用而言是不错的选择。

第二节　纸质档案的数字化管理

一、纸质档案的数字化

（一）纸质档案数字化的技术模式

1. 目录数据与全文图像分体方式

每份文件的目录数据与全文图像分开存放：目录信息存放于目录数据库；全文图像以文件形式按照预定的存储规则和命名规则存储于文件服务器。目录数据库记录中的一个字段用以存储对应全文图像的存储路径，在目录数据库中检出文件记录后，借助记录中的存储路径可链接、显示该文件的数字图像。这种分体存储方式减小了目录数据库的规模，加快了对目录数据库的操作处理速度，提高了数据检索和更新的效率，确保了数据库的稳定性；缺点是地址链接容易出错，数据挂接颇费精力，备份比较复杂，需要通过软件来实现全文图像和目录数据库的一致性备份，因此程序编写较为复杂。

2. 目录数据与全文图像一体方式

文件的目录数据与全文图像作为一条记录存放在同一数据库中，即将档案的数字图像作为文件记录的一个字段（大对象数据项）直接存储到数据库中。

3. OCR 全文与目录数据合一、图像分体方式

为实现对档案内容的全文检索，对于印刷清晰的纸质文件，很多应用系统在扫描其数字图像的同时，还采用 OCR 识别技术将扫描后的图像文件转换成文本文件，建立文本与图像页面之间的对应关系。使用时，具有全文检索功能的系统可以对存入其中的文本文件进行逐字、逐词式的全文检索（即基于文件内容的检索），查找到所需内容后，再调阅该文本内容所对应的图像页面（扫描图像），用以观看档案文件的原貌。OCR 后的文本全文可作为不定长字符型字段附加在相应文件的目录数据之后，供档案管理系统对该文件进行自动标引和全文检索。除全文检索外，这种方式的另一个优点是可以对存储的档案文件进行自动、半自动标引，大大减少了著录标引工作的工作量。缺点是代价较大，需要配置全文检索工具软件。

（二）纸质档案数字化的工作流程

1. 档案整理

（1）检查案卷文件及其目录数据质量

在开始扫描前，整理人员先按扫描计划和工作进程，以一定数量的卷数为一个批次，从档案库房提取档案，检查案卷的完整性，并按照档案著录规则等要求，规范档案目录内容，包括确定档案目录的著录项、字段长度和内容要求。对有错误或不规范的案卷题名、文件名、责任者、起止页号和页数等进行修改。

（2）拆除装订

如果不去除装订物会影响到扫描工作的开展，故应拆除装订物，包括起订、拆卷、撕开粘贴页等，使档案文件以散张形式存放。拆除装订物时应注意保护档案不受损害。

（3）区分扫描件和非扫描件

拆分前检查卷内页号是否完整无误，发现有误及时纠正，发现页号没有正确添加，以防止档案文件的丢失和错序。然后从中选出需要扫描的页面，再次编制所需扫描的页号，两个页号通过不同的铅笔颜色或位置区分，以确保档案还原时能够清楚地区别和核实页数。此后，把同一案卷中的扫描件和非扫描件区分开，并按扫描后的电子文件组织形式进行重新分类，以便批量扫描。

（4）页面修整

破损严重、无法直接进行扫描的文件，应先进行技术修复。因褶皱不平而影响扫描质量的原件，要先进行相应处理（压平或熨平），再进行扫描。

（5）装订

扫描工作完成后，拆除过装订物的档案应按档案保管的要求重新装订。恢复装订时，注意保持档案的排列顺序不变，做到安全、准确、无遗漏。

2. 档案扫描

（1）扫描方式

扫描之前要根据拟扫档案的质量和对扫描速度的要求，选择采用自动进纸扫描或平板扫描。自动进纸扫描仪中档案要随扫描仪滚动轴一起滚动来完成扫描过程；平板扫描仪则将档案固定在静止的稿台上，通过感光鼓的平移来完成扫描过程。尽管这两种扫描方式形成的图像文件相同，但在扫描速度和对文件纸质的要求上差别很大。自动进纸扫描仪多为中速或高速扫描仪，速度每分钟几十甚至上百张，比平板扫描仪快一个数量级，因此对纸质要求较高。

（2）扫描色彩模式

第一，黑白二值扫描，又称单色扫描，以这种方式扫描的图像只有黑白两级灰度，即每个像素非黑即白，没有彩色或中间色（灰色）呈现。黑白二值扫描方式不能很好地表现照片图像，对于学籍登记册、婚姻登记表等证件档案，由于其上贴有身份照片且尺寸较小，黑白二值扫描基本上无法辨认，故不宜采用。

第二，灰度扫描。所生成的图像既包括黑白两色像素，也包括黑白之间的中间性灰色像素，因此能较为精确地表现图文的明暗变化和内容细节，但占据的存储空间要远远大于黑白二值扫描图像。灰度扫描适用于存在明暗变化的黑白图像，字迹清晰度差，或者带有插图照片的黑白档案的数字化扫描。一些年代久远的档案，由于纸张已经发黄，文件底色与其上记载的文字内容的对比变得不太明显，这类档案虽然没有照片，但仍应采用灰度方式扫描。

第三，彩色扫描。彩色扫描所生成的图像文件是彩色的，它能丰富地表现档案的全貌及细节部分。彩色扫描生成的图像占据存储空间巨大，在档案数字化扫描过程中，除有特殊需要外，一般不宜将纸质档案扫描成彩色的图像文件。

（3）扫描分辨率

分辨率是扫描过程中最为重要的一个参数，是单位长度内图像包含的点数或像素数，一般用每英寸点数表示。分辨率越高，图像越清晰，但所占的存储空间也越大。分辨率越低，图像细部就越失真，所占存储空间也就越小。因此，选定扫描分辨率时，要在图像清晰度和所占存储空间之间进行权衡，原则上以扫描后的图像清晰完整、不影响图像的利用效果为准。

（4）亮度

亮度是调节扫描后生成图像明暗效果的特定指标。亮度值越高，图像越明快；亮度值越低，图像越灰暗。亮度值调节的合适与否关系到所形成图像文件的清晰程度，影响着 OCR 识别的准确率。

如果采用灰度或彩色扫描，生成的图像文件在事后仍可借助图像处理软件进行亮度调整，但如果采用的是黑白二值扫描，扫描时确定合适的亮度就非常关键，它不仅能使白底黑字的档案更加清晰，而且可以借助亮度调节来修复档案原文在黑白反差上存在的缺陷。

（5）扫描登记

扫描后要认真填写纸质档案数字化加工过程交接登记表单，登记扫描的页数，核对每份文件的实际扫描页数与档案整理时填写的文件页数是否一致，不一致时应注明具体原因和处理方法。

3. 图像处理

（1）图像数据质量检查

对图像偏斜度、清晰度、失真度等进行检查，发现不符合图像质量要求时进行图像处理。由于操作不当，造成扫描图像不完整或无法清晰识别时，要重新扫描。发现文件漏扫时，及时补扫并正确插入图像。发现扫描图像的排列顺序与档案原件不一致时，及时进行调整。同时，认真填写相关表单，记录质检结果和处理意见。

（2）纠偏与图像拼接

扫描操作失误而造成图像颠倒，或扫描时送纸没有完全垂直而使图像文件发生偏斜的，要进行旋转还原和纠偏处理。对大幅面档案进行分区扫描形成的多幅图像进行拼接处理，合并为一个完整的图像。

（3）去污

对图像页面中出现的影响图像质量的杂质，如黑点、黑线、黑框、黑边等利用系统提供的专用工具进行去污处理。处理过程中应遵循"在不影响可懂度的前提下展现档案原貌"的原则。在此原则下，利用图像处理技术修复因原件保护不当而造成的明显缺失，如文件上的污痕、渍点或褐斑等。

（4）裁边处理

如果图像文件有黑框或多余的白边而影响美观，则要进行适当的裁切，尤其是采用彩色模式扫描的图像，以使图像与档案文件的实际边缘相符，并有效缩小图像文件的容量，节省存储空间。

（5）色彩调整

色彩调整旨在使录入的图像更符合原档案图文的色彩，或在不影响原真性的前提下对图文色彩的失真进行校正。色彩调整较复杂，包括各颜色通道的色阶上下限调整、色调变化调整、各色调区域的色调平衡调整、色相调整、对比度调整等各种手段。色彩调整仅在必要时采用。

4. 图像存储

档案文件经过扫描和图像处理后必须以一定的方式存储，这一环节的主要任务是合理选择图像文件的存储格式和有效标识存储图像文件。

（1）存储格式

纸质档案数字化后将形成成千上万幅图像文件，数据量巨大，因此图像压缩十分必要。图像压缩是在保证图像质量的前提下，通过某种数学运算方法将图像的数据量降到最小，分无损压缩和有损压缩两种。无损压缩不破坏原有图像信息，压缩后图像可通过相应的恢复算法精确复原；有损压缩则在可接受的图像质量条件下对图像进行不可复原性压缩。有损压缩比无损压缩有更高的压缩比，因而压缩后的图像数据量更小，更适宜网上传输。

（2）分层设定图像文件格式

图书情报界在数字资源存储规范方面已经做了大量工作，对数字资源的文件格式选择提出了标准性、可操作性、前瞻性等要求，这些要求富有积极意义，档案界也应当与图书情报界携手合作，提出适用于多方的共享标准。就数字化文献的文件格式而言，图书情报界的建议是要根据数字图像的应用目的和应用环境，将其应用分为三个层次：存储层、网络层、索引层，分层设定数字化图像的格式规范。

（3）图像文件的命名

纸质档案目录数据库中的每一份文件都有与之相对应的唯一档号，以该档号为这份文件扫描后的图像文件命名。多页文件可采用该档号建立相应的文件夹，按页码顺序对图像文件命名。

5. 目录建库

目录数据库建设工作与档案数字化工作密切关联，在很多情况下两者是同步进行的。目录数据库的质量关系到数字化资源的利用与管理效率，因此在数字化流程中，目录建库及其质量核查被作为一个独立环节，提出了严格要求。录入的数据要采用人工校对或软件自动校对的方式进行检查，另外，对著录项目是否完整，著录内容是否规范、准确等也要进行严格的审查。

6. 数据挂接

（1）数据关联

以纸质档案目录数据库为依据，将每一份纸质档案扫描所得的一个或多个图像存储为一份图像文件。将图像文件存储到相应文件夹时，认真核查每一份图像文件的名称与档案目录数据库中该文件的档号是否相同，图像文件的页数与档案目录数据库中该文件的页数是否一致，图像文件的总数与目录数据库中文件的总数是否相同等。通过每一份图像文件的文件名与档案目录数据库中该份文件的档号的一致性和唯一性，建立起相对应的关联关系，为实现档案目录数据库与图像文件的批量挂接提供条件。

（2）交接登记

纸质档案数字化转换过程交接登记要填写相关表单，记录数据关联后的页数，核对每一份文件关联后的页数与档案整理、扫描时填写的页数是否一致，不一致时应注明具体原因和处理办法。

（3）汇总挂接

档案数字化转换过程中形成的目录数据库与图像数据，经过质检环节确认为合格后，应通过网络及时加载到数据服务器端汇总，通过编制程序或借助相应软件，实现目录数据对相关联的数字图像的自动搜索、加入对应的电子地址信息等，实现批量、快速挂接。

7. 数据验收

数据验收是档案数字化质量控制的重要环节。要以抽检的方式检查已完成数字化转换的所有数据，包括目录数据库、图像文件及数据挂接的总体质量。一个全宗的档案，数据验收时抽检的比率不得低于5%。目录数据库与图像文件挂接错误，或目录数据库与图像文件出现不完整、不清晰、有错误等质量问题时，抽检标记为不合格。一个全宗的档案数字化转换质量抽检的合格率必须达到95%以上方为验收通过，其中合格率为抽检合格的文件数占抽检文件总数的比例。

8. 数据备份

经验收合格的完整数据要及时进行备份。为保证数据安全，备份载体的选择应多样化，可采用在线、离线相结合的方式实现多套备份并异地保存。备份数据也要进行检验，检验的内容包括备份数据能否打开、数据信息是否完整、文件数量是否准确等。数据备份后应在相应的备份介质上做好标签，以便查找和管理。数据备份还要填写纸质档案数字化备份管理登记表单。

9. 成果管理

对数字化档案数据的保管与利用要加强管理，以确保其安全完整和长期可用。档案数字化成果在提供网上检索利用时要制作单位的电子标识，并根据具体情况分别采用可下载或不可下载的数据格式。

二、纸质档案数字化系统的基本结构

（一）输入设备

这是数字化系统的前端，负责将纸质档案转换为数字格式。常见的输入设备包括扫描仪和数码相机。这些设备能够以高分辨率捕捉档案图像，确保数字化后的档案清晰可读。

（二）图像处理软件

扫描得到的图像通常需要进一步的处理以提高其质量。图像处理软件可以进行去噪、增强对比度、调整大小和颜色校正等操作，以确保数字化档案的可读性和美观性。

（三）光学字符识别（OCR）系统

OCR 系统能够识别图像中的文字并将其转换为可编辑的文本格式，如 PDF 或 Word 文档。这大大提高了档案的可检索性和可编辑性。

（四）数据库管理系统

数字化后的档案需要存储在数据库中，以便于管理和检索。数据库管理系统（DBMS）提供了数据存储、查询、更新和维护的功能。它能够支持复杂的查询操作，帮助用户快速找到所需档案。

（五）用户界面

用户界面是用户与数字化系统交互的界面。它提供了档案检索、浏览、下载和打印等功能。用户界面的设计应简洁直观，以提高用户体验。

（六）网络服务器

在网络化的数字化系统中，网络服务器负责存储数字化档案并提供远程访问服务。服务器需要具备高可靠性和安全性，以保护档案数据不被非法访问或破坏。

（七）安全系统

为了保证档案数据的安全，系统需要配备安全措施，如访问控制、数据加密和防病毒软件。这些措施可以防止数据泄露、篡改和病毒感染。

（八）备份和恢复系统

为了防止数据丢失，系统需要定期备份档案数据，并能够在数据损坏时进行恢复。备份可以是本地的，也可以是远程的，以提高数据的安全性。

（九）维护和支持团队

为了确保系统的正常运行，需要有专业的维护和支持团队定期检查系统性能，解决技术问题，并进行必要的升级。

三、纸质档案数字化系统

（一）软件配置

纸质档案数字化系统需要用到的软件有两类：系统软件和应用软件。系统软件包括操作系统、数据库管理系统等平台。应用软件是在上述软硬件平台的基础上实现数字化流程的文档扫描、图像处理和数据存储等软件程序。这些软件程序可以从市场上购置，或者随硬件设备配送获得，对于大批量纸质档案的数字化处理而言，仅仅依靠上述分散的、专用的工具软件是不够的，必须采取系统集成方式，将整个数字化流程集合为一个统一的制作、加工系统，开发出专用的"纸质档案数字化制作软件系统"，以实现档案数字化加工的"流水线"制作和"规模化"管理。

（二）基本要求

纸质档案数字化制作系统是一套批量加工纸质档案的数字化制作管理集成软件。其基本要求包括以下诸多方面：适应不同规模的制作环境开发不同的版本；适用不同类型的纸张，兼容各种档次的扫描设备；提供高效的扫描录入和图像处理功能；提供完善的质量保障和工序流程管理，实现标准化和规范化的生产；采用先进的软件开发技术和开发工具；基于大型数据库管理系统；网络版系统采用 CS 和 BS 相结合的结构；客户端浏览器支持大多数标准图像及文本格式，合法用户通过系统的认证可以由此访问服务器，调出数据和图像，浏览器可以对图像进行放大、缩小、旋转、反色、自动播放等操作，尽可能采用多线程技术，以实现图像的边下载边浏览，缩短等待图像的时间，提高工作效率；采用多层安全防护，充分利用大型数据库管理系统的安全防护机制，对任何数据操作都可以在后台进行监控，阻止非法用户破坏数据系统。

（三）纸质档案数字化制作软件系统的功能模块

1. 认证注册子系统

鉴于档案数字化工作的特殊性，并考虑到多台电脑同时工作时的跟踪管理，网络版的档案数字化制作系统应采取科学的加密认证措施，具有网络注册认证功能，以保证只有合法用户才能登录并合理使用系统资源。

2. 原文扫描子系统

该模块实现了系统最主要的功能即原文扫描。系统带有扫描仪、数字照相机接口，可以直接获取来自外部的数据信息。通常，系统能够支持基于 Twain 协议的各种扫描仪。

3. 图像编辑子系统

该子系统的主要功能是实现对图像的各种处理。在多机操作环境下，系统应支持对网络服务器文件的处理，同时标记已处理过的标识，以便很好地分工协作。完整的图像编辑子系统包括以下功能：支持常用的几何作图，如画矩形、直线等；支持添加文字注释；支持剪切、复制、粘贴图像的局部；支持图像形态学运算、几何运算、点运算等多种图像的特殊效果操作；支持任意角度的旋转纠偏、去黑边、自动去污等；支持不同颜色的图像相互转换；支持不同格式的图像相互转换；支持图像颜色的局部处理；支持 OCR。

4. 消蓝去污子系统

该子系统通过调节图像背景颜色和亮度来改善图像质量，达到"还旧如新"的效果，俗称"消蓝去污"，主要用于处理一些因年代久远或保管不善而出现发黄、变旧、生霉、水渍的老档案。该子系统的功能要求是：支持图像的局部处理，使图像局部效果增强；可以实现将灰黑模糊的档案原件图像调整为字迹明显、基本无污点的理想效果；可以还原关闭保存当前文件之前的一切修改；经过处理后的图像文件具有高压缩比。

5. 图像拼接子系统

受到扫描设备幅面的限制，一些小型扫描设备不能直接处理大幅面的档案原件，因此需要采取局部扫描、后续拼接的处理工艺。图像拼接子系统的主要功能就是能实现左右拼接、上下拼接和连续拼接等。

6. 档案查询子系统

档案查询子系统即浏览器，用以实现数字档案的快速查询与图像浏览。该子系统可按以下结构设计：左视图采用树形结构显示查询结果的目录树，便于快速定位，并获知相关级属关系；右视图采用显示控件，显示查询结果的指定页，并采用多线程设计，以实现即时下载显示；左视图可以显示/隐藏；右视图中显示的图像支持缩放、旋转、全屏显示、翻页等功能，并可以根据用户权限决定是否允许打印或保存到本地。

第三节　照片和音频档案的数字化管理

一、照片档案的数字化

（一）照片档案数字化对象的选择

完整的照片档案包括底片、相片和文字说明三部分，其中相片是由底片冲印得到的"复制件"。照片档案的数字化究竟选择底片还是一般相片作为扫描对象，需要进行研究。

1. 底片

若采用底片作为扫描母版，图像效果较好，因为底片是银盐胶片，图像分辨率和密度要比相片高很多，耐久性和稳定性也比相片好，以其作母版扫描出来的图像色彩及细节的保真度高。缺点是必须使用专门的底片扫描仪或者在常规扫描仪上加装透扫适配器，对扫描设备的要求比较高。

2. 相片

用相片作为扫描母版，图像效果要次于用底片作母版。相片本身是底片的"复制件"，在冲洗过程中通常会因为控制不当而出现色彩失真或偏色等问题，在长时间保存后，相片还会因为化学作用而发黄、变色，尤其是彩色相片，用这样的相片作扫描母版，在颜色、亮度、饱和度等方面可能会有很大程度失真。

（二）照片档案数字化方式与分辨率

1. 照片档案的数字化方式

可以采取用扫描仪扫描输入和用高档数码相机翻拍录入两种模式。扫描输入是照片档案数字化最通用的方法，所需设备简单，操作过程也比较简便，并适用于各类照片档案的数字化处理。翻拍录入过程虽然比较快捷，但要配置辅助照明设施，拍摄过程中对变焦、曝光等的调控要求较高，拍摄难度比想象中的大。由于普通数码相机在光学成像过程中会产生像差，而中高档数码相机镜头一般都配有较大值光圈、变焦镜头、高分辨率 CCD 等，因此，使用中高档数码相机可以保证高质量的拍摄效果。

2. 照片扫描分辨率

照片档案记录的是图像而不是文字，分辨率的高低对其质量的影响十分敏感。理论上说，分辨率越高，扫描图像越清晰，存储空间越大，扫描所需时间也就越长。但当扫描分辨率高于一定阈值后，照片质量不会有明显提升，反而陡增存储空间，延长扫描时间。因此，在设定扫描分辨率时，要在分辨率与图像大小之间认真权衡，区分是底片扫描还是相片扫描，综合考虑被扫描照片的尺寸、原照片的图像质量和利用性质及其还原输出要求等因素，在实际测试的基础上，具体确定照片扫描的最佳分辨率。

（三）照片档案数字化前后的处理

1. 照片档案数字化前的处理

底片乳剂层中含有明胶，明胶在长期遭受温度、湿度和空气氧化作用后，会产生霉斑、皱纹、粘连、褪色等现象。相片、底片保管不当也会沾上污垢、斑点、手印等。扫描后的霉斑会在图像上产生白点，破坏数字影像的质量，而采用图像处理技术并不容易清理干净。因此，最好的办法是在扫描之前对底片、相片上的霉点、斑渍等做适当清理。当然，处理方法必须正确、恰当，避免进一步伤害照片。

2. 照片档案数字化后的处理

照片档案在数字化过程中不可避免地产生一些"噪声"干扰，造成形与色方面的失真。为此，需要通过照片档案数字化系统中的图像处理功能，或者专门的图像处理软件来对数字化后的照片图像进行处理，但这种处理必须立足于"尽量恢复其本来面貌"的宗旨，不可随意行事。

事实上，现有的图像处理软件功能十分强大，可以随心所欲地改变数字图像的外观形态。但是照片档案与一般的纸质档案是不同的，其侧重的就是图形和色彩，而不是文字符号所表达的意思。因此，对数字化后的照片档案进行图像处理，极有可能破坏原作品本来的构图、格调或韵味，使照片档案失去其原始性。

一般来说，照片档案图像处理的内容局限于以下三项：旋正，将颠倒或歪斜的图像调整到正直位置；裁白，将扫描图像中原照片以外的空白区域切除；去污，将扫描过程中产生的黑白点和瑕疵修整、去除。

（四）数字化照片档案的保管

作为母版保存的照片档案图像，一般选择 JPEG 格式保存，重要的、保真度要求更高的档案可以选择无损压缩的 TIFF 格式保存，但同一图像的 TIFF 文件将比 JPEG 文件大很多。

数字化照片档案可以用不同的文件格式刻录到多套光盘上，异地保存，同时存储在服务器上提供在线利用。为便于照片档案的有效利用，应建立照片档案专题数据库。照片档案著录项目及其专题数据库结构，应尽可能遵循档案著录标引规则和相关的数据库结构规范，著录项目可选择全宗号、归档年度、保管期限、分类号、照片张号、照片题名、责任者、形成时间、摄影者、照片原文、主题词、整理人、密级、参见号、存放位置、组卷标识、归档日期、备注等。

二、音频档案的数字化

录音档案是以声音为信息表达方式的档案材料。在档案库房中，领导讲话、文艺演出、座谈、采访和会议录音等都是馆藏的重要内容。传统的录音档案主要以录音带、唱片作为记录载体，数字化后的音频档案则记录在数字光盘、磁盘、数字磁带等介质上。这里之所以以"音频"代替"录音"，是为了与数字技术中的专业术语相一致。

（一）音频档案数字化的现实意义

1. 网络共享呼唤数字化音频档案

随着宽带网络技术的飞速发展和音频压缩技术的成熟，数字音频广播、数字音频工作站、网络自动化播出系统等由概念变成现实，这类数字传媒必然会利用到珍贵的档案资源，因而需要对大量音频档案进行数字化。

2. 传统录音档案亟待通过数字化加以保护

使用录音磁带保存声音档案，即使严格遵守磁性载体档案的保存要求，在长期保管和反复利用过程中，磁粉也会有不同程度的脱落，造成磁性衰减、退化，甚至出现磁带粘连、霉变的现象。为此，每隔 10 年需要进行一次复制，"复制使用的是模拟记录方式，这会使声音档案的信息损失 10% 左右，从而导致录音档案的失真，这种失真将随复制次数增加而倍增，最终会导致音频档案因噪声过大而无法播放。数字化技术能够解决这一难题，采用数字化方式"复制"后，声音信号转化为二进制数字，由于存在校验机制，理论上说无论复制多少次，也无论利用多么频繁，声音都会与原先完全一样，从而保证了音频档案的原真性。

3. 音频档案数字化带来的实际效果更好

档案馆藏中，声像档案由于其形象生动拥有较高的利用率，尤其是与文化生活相关的材料。这些为群众所喜闻乐见的声像档案经数字化后通过网络广泛流传，对于充分发挥档案价值、提高公众档案意识、增强档案馆的社会性，无疑具有十分积极的现实效果。

4. 音频档案数字化所需投入较低

音频档案的数字化无须购置昂贵的高速扫描仪，也无须配备高档的数码摄录设备。在数字化量有限的情况下，硬件方面只须配置一张高质量的声卡，软件方面则有众多免费的编码、播放和转换软件供选择使用，所需投资极小。

5. 音频档案数字化的技术实现相对简单

音频档案的数字化不存在太大的技术障碍，信息技术界已开发出各具特色的音频格式，各种格式的转换软件比比皆是。对档案界来讲，唯一需要考虑的是对某种录音档案宜选用何种音频格式，选择哪款转换软件。至多在数字化规模较大而软件开发力量又可行的情况下，自行开发更为适用的音频档案采集、转换系统。

（二）音频档案数字化的原理

1. 模拟电平信号对原始声音的保真度

由原始声音到模拟声音振动的电平信号是由拾音设备来完成的。拾音设备的性能决定着模拟电平信号对原始声音的保真程度。对需要数字化的录音档案而言，数字化的对象通常是已经固化在录音带、唱片等载体之上模拟声音振动的模拟信号，这种模拟信号本身应视作"原始声音"，它们在相应的播放设备中转化为模拟电平信号。

2. 模数转换设备的性能

模数转换设备是模拟电平信号向数字信号转变的基本硬件。模拟电平信号送入计算机后，由其完成模数转换。模数转换过程中会产生噪声，导致"原始声音"的失真，档次高的模数转换设备具有较高的信噪比，产生的噪声较小。为保证数字化音频档案的质量，应尽可能选用高品质的模数转换设备。此外，在模数转换过程中，其他相关硬件设备也会对音质产生一定的干扰或影响，如不稳定或低品质的主板或接口卡、屏蔽不良的通信线缆等。

3. 数字化过程中的采样频率、采样精度和声道数

模拟电平信号向数字化信号的转变是通过对模拟信号的"采样"来实现的。计算机在固定的时间间隔内对模拟电平信号的强弱进行测量，并用一组数字记录下来，以此记忆模拟电平信号的变化。采样频率、采样精度和声道数是决定数字化音频质量的三个关键指标。采样频率是指每秒钟对电平信号采样的次数。采样频率越高，数字音频信号的保真度就越高，但数据量就越大。根据音频采样定理，对于随时间连续变化的模拟信号波形，只要采样频率高于信号中最高频率的2倍，即可从采样所得信号恢复出原始信号的波形。虽然数字化音频的质量可以

通过选择较高的采样频率、采样精度和声道数得到改善，但数字化音频文件所需的庞大的存储容量，通常使档案专家需要在音频档案保真度要求和存储容量限制之间做出折中的选择。

4. 文件压缩方式

文件压缩方式是决定音频档案保真度的另一关键因素。通过模数转换获得的数字信号需要选择一定的方式存储。由于数字化音频文件过于庞大，因此，在存储之前通常采用某种方法对其进行压缩，从而形成不同格式的音频文件。同一音源的不同存储格式，存储容量相差极大，音色的保真度也有较大区别。档案专家必须根据被数字化音频档案的不同要求做出合理选择。

（三）音频档案数字化的软硬件设备

1. 传统放音设备

根据拟数字化录音档案的规格、型号配置相应的放音设备，如开盘式放音机、钢丝带放音机、盒带录音机、电唱机等。放音设备必须能将声音源以电平信号的方式输出，若原设备不具有音频输出插孔，应进行改装。

2. 模数转换设备

模数转换设备是音频档案数字化的核心部件，好的模数转换设备有低失真、低时延、高信噪比等特点。音频模数转换设备分为家用声卡和专业声卡两类。家用声卡价格低廉，其模数转换器的品质较低，容易发生延迟、抖动，因此，在将模拟信号转换成为数字信号后，声音效果会减弱。

3. 多媒体计算机、操作系统和数据库管理系统

配置高主频处理器、大容量内存和大硬盘空间的多媒体微型计算机。同时配置至少一台对音频档案进行著录、标引，建立音频档案目录数据库的普通录入终端。

4. 音频制作软件

选作录音档案数字化的音频制作软件应当具备以下功能：音频电平控制功能，这对高质量的音频文件非常重要；均衡功能，可以控制音频的音质；噪声控制功能，可以降低音频中不必要的噪声；CD"抓取"和制作功能，可以直接获取 CD 上的所有数码信息，并且可以把制作结果备份到 CD 上；为高级处理准备

的插件程序支持功能，可以在音频编辑系统中使用第三方软件；流媒体支持功能，可以直接从音频编辑系统中输出流媒体，而无须另外的编码器；批处理功能，可以自动处理批量任务。

（四）音频档案数字化处理的基本步骤

1. 原音带处理

被数字化磁带正常播放是录音档案数字化的前提，也是保证数字化音频质量的关键一步。旧磁带普遍存在信号强度减弱、磁粉脱落、霉变、粘连等问题。因此，在正式数字化前，要对破旧的录音磁带进行清洁、修复和必要的处理，以获得合乎要求的信号源。必要时，应将旧磁带在放音机中快速倒带一次，用录音机清洁带对放音机磁头进行清洁。

2. 音频线路连接

在关机状态下，使用音频连接线将放音机的音频输出口与计算机声卡的音频输入口相连，启动多媒体计算机，选择声音和音频设备属性中的音频选项，将录音控制设置为线路输入开、其他选项关。然后，打开放音机和电脑音箱，将计算机音箱音量调整到合适状态。

3. 音频采集

打开音频制作软件，创建新的音频文件，选择采样频率和采样精度等参数，在按下放音机放音按钮的同时，启动音频制作软件的录音按钮，通过控制和调整制作软件显示的电平波形来将录音音量控制在适宜的程度，以防止失真。

批量录音档案的数字化通常设计专用的音频档案数字化系统。该系统将音频制作软件作为插件嵌入其中，整个音频数字化的各个环节及其过程控制集成在系统平台上完成，操作者加载好磁带后启动音频档案数字化系统，设定好相应的参数，由系统按照已调整好的参数自动完成采录过程。采录中，操作者只须监测程序的运行情况，最终核对存盘即可。

4. 音频编辑

采集得到的音频文件可以使用音频制作软件进行编辑处理。主要内容包括音量调节、音调调整和噪声处理。例如如果采集得到的音频文件音量太小，可使用Cool Edit Pro 2.0对波形振幅进行提升，将其调整到最佳状态；可利用其图形均衡器对音频文件进行高低音均衡调节，使整个声音文件听起来更加逼真；可使用其降噪功能去除音频文件中的各种杂音。

5. 音频存储

编辑处理的数字音频信号应选择合理的音频文件格式以适当的方式存储到计算机中。

上述五个过程只是将录音磁带本身进行了数字化，在某些情况下，录音档案所对应的声音内容还需要以文本方式输入计算机，以便对音频文件实现"全文"检索。每份音频档案原则上对应一份文本文件，该文本文件与音频档案拥有相同的文件名，但扩展名不同。

数字化后的音频文件及其对应的文本文件，必须通过建立规范化的音频档案目录数据库或专题目录库来实现有效利用。音频档案数据库除包括一般档案数据库设定的著录项目外，还要包括音频文件存储路径、其对应文本文件的存储路径、原录日期、数字化日期、数字化责任人等内容，并通过数据库的地址链接方式，将数字化音频文件与其对应的文本文件联系起来。后期工作还包括根据不同的利用需求对音频文件进行格式转换。为保证数字化音频文件的安全，通常要将音频文件、相应的文本文件、目录数据库以及音频制作软件等一起刻录到光盘上，并一式多套异地保存。

（五）音频档案数字化的文件格式选择

1. 音频文件的类型

（1）无损压缩格式和有损压缩格式

数字音频文件可按压缩方式分为无损压缩和有损压缩两大类。无损压缩格式在对声音信号进行压缩时没有任何信息损失，真正的无损压缩音频文件是能直接采用播放软件播放的，并且不同无损压缩格式之间可相互转换而不丢失任何数据。无损压缩的缺点是压缩率小，为60%左右，缺乏支持硬件。与无损压缩相对的是有损压缩。为了减少音频文件的存储容量，便于在计算机或网络上存储和传输，音频文件更多地采用有损压缩格式。有损压缩会对声音信号造成不可挽回的损失。

（2）普通音频文件和流式音频文件

音频文件按网上传输方式分为普通音频文件和流式音频文件两大类。普通音频文件如果在网络中利用，须将其全部下载完后才可以播放。

流式音频文件是针对网络应用而出现的音频文件格式，又称流媒体格式，它是将音频多媒体文件经过特定压缩处理后，放在网络服务器上进行分段传输，利用者不需要将整个文件下载到本地，可以采用边下载边收听的传输方式。在现有网络带宽的限制下，为了达到网上流式传播的目的，音频文件须经过专门的压缩处理，以缩减文件的大小，但其品质基本上能被人们所接受。

2. 音频文件格式的选择

理论上说，除 MIDI 外，所有格式都可以成为音频档案数字化的存储格式。音频文件格式的选择关系到整个数字化工作的成效，格式一经选定不宜变动。因此，在选择前必须进行充分的论证，乃至必要的试验。做出选择时至少应注意以下六点。

（1）在存储空间与保真度之间取得平衡

就追求保真度而言，当然应选择无损压缩格式，选取高采样频率和高采样精度。然而，无损压缩占用的空间数十倍于有损压缩，若设定高采样频率和高采样精度，空间占用更是惊人。事实上，无论采取何种存储模式，失真总是存在的，区别只是失真度的大小而已。对大批量音频档案的数字化，存储空间受到现实条件的限制。为此，在追求最小失真时必须考虑存储空间问题，在存储空间与音频失真度之间取得平衡，将音频失真度控制在档案管理所允许的范围内。

（2）区分音频数字化的目的

如果数字化是出于保存的目的，即数字化后的音频文件将用来替代原先的模拟录音带或唱片永久或长期保存（原录音带或唱片因技术或物理原因将在被数字化后逐步销毁），在选择音频格式时，对保真度的要求相对较高。

如果数字化是出于利用的目的，即数字化后的音频文件只是用作原录音带或唱片网络内外利用的替代品，则所选的文件格式只要满足用户的利用需求即可。

（3）区别数字化对象的性质

被数字化的音频档案有两种类型：音乐歌曲、言语声音。前者对音质的保真度要求高于后者。具体选择时，要根据利用主体对象是专业音乐人士还是普通社会公众来设定采样率、压缩比等可变参数。言语声音的保真度要求不如乐曲，因此，在选择上述格式时，可设定相对较低的采样率、采样精度和较高的压缩比，除非有特殊要求。

（4）注重所选格式

在通行、标准化程度无损压缩中，CD 是最流行的格式，并已成为国际标准。有损压缩中，MP3 是目前最为流行的音频格式，WMA 则由于微软公司可能采取"捆绑式"推销和强势舆论宣传以及其技术上的支持，而可能成为未来的主流音频格式。

（5）充分考虑所选格式是否有较强的软件支撑

每一种音频格式都需要相应的编码软件和播放软件，并且需要具备对其他各种主流格式的转换工具。为此，在选择前，应对各种音频格式做充分的市场调研和技术摸底，了解清楚其相关可用软件的类型、来源，并对各种音频格式的情况做细致的分析对比。强有力的软件支撑和技术支持是选择数字化档案音频格式的重要决定因素。

（6）考虑音频档案的利用形式

数字化后的音频档案大多通过网络提供利用，在纯粹为此种方式而数字化的情况下，流媒体格式是当然的选择。其中 RA 作为网上最流行的音频流，以其可根据带宽提供不同音质的特殊功能被广泛采用。在非纯粹网上利用的情况下，更适宜选择既适合网上传输，又有较好音质的 MP3、WMA 等格式。总之，音频格式的选择是一个受制于多种因素的综合性决定，不同数字化背景下做出的选择可能不同。

第四节　视频档案的数字化管理

一、视频档案的数字化

采用模拟手段制作的传统录像带类型众多，与录音磁带一样，录像带经过长时间的存放和利用，磁介质会发生退变、老化，因而出现信号逐步衰减，影像质量越来越差，甚至无法正常播放等情况。与此同时，传统的模拟录像系统和放像设备正逐渐淡出历史，能够正常使用的越来越少，存放在模拟录像带上的珍贵影像资料将面临永久丢失的危险。因此，将馆藏模拟录像资料数字化，转换成可存储于任何数字媒体的计算机视频文件，是安全保管和有效利用这些重要档案的唯一出路。

（一）视频档案数字化的记录原理

1. 视频档案数字化的信号

传统录像带中所录制的视频信息为模拟信号，若要在数码设备上存储和播放，必须将模拟的视频信号通过模数转换技术，转变为计算机能够识别的二进制数字视频信号，这一过程就是录像档案的数字化。

无论是模拟录像带还是计算机视频文件，其动态视频均由一系列单个的静止画面组成，这些静止的画面通常被称为"帧"，它们连续播放便形成了视频。为了保证人的肉眼感觉不到视频画面的跳动和闪烁，一般每秒钟要传送 24~30 帧图像。不同制式的模拟视频标准对每秒钟包含的帧数及每帧静止图像扫描显示的行线数有不同规定。

视频档案的数字化过程远比音频档案的数字化过程复杂，但基本原理是一致的，都要经过数字化采样、量化、压缩和编码等过程。视频档案的数字化要同时采集视频图像信号和视频中的音频信号。其中，视频图像捕获的信号以帧为单位，一帧图像可以简单地看作是由 M 行 N 列的像素点阵构成的，采集设备依次对各像素点进行采样、量化与编码。

2. 数字信号

（1）主要概念和参数

视频档案数字化采集时涉及的主要概念和参数有：所用的色彩空间；采样频率，各个色彩分量的采样频率与模拟视频信号的帧频、行线数、分辨率、图幅宽高比等有关；采样精度，即每个分量采样时的色彩位数；所采用的压缩标准。

（2）视频数据的处理

采集得到的未经处理的数字信号，在插入各种校验码后，即可作为有用的信号数码流进行相关处理。但是这些未经处理的数字信号数据量巨大，不加压缩而直接存储是不现实的。

解决上述困难的方法是对视频数据进行编码压缩。通过删除相邻之间的相同信息，并充分利用人眼的视觉特性去除大量"冗余"信息，可以在保证视频质量没有明显降低的前提下降低码率，将数字视频的数据量降低到原来的几十分之一，甚至几百分之一。20世纪90年代以后，数字视频的压缩在各个领域迅速普及，各种压缩标准相继问世。国际上现有的视频压缩编码标准主要有两大系列：国际电信联盟制定的H. 26x系列标准和国际标准化组织/国际电工委员会制定的MPEG系列标准。H. 26x系列标准主要用于可视电话、会议电视等较低清晰度的视频压缩。

（二）视频档案数字化软硬件的配置

1. 视频档案数字化系统的组成

提供模拟视频信号输出的放像设备，如与录像带配套的录像机、放像机等；对模拟视频信号进行采集、量化、编码的视频采集设备，通常由视频采集卡来完成；对数字视频进行编辑的编辑系统（软件）；视频档案的存储设备或存储系统。

在对模拟录像带数字化之前要准备好相应的放像设备，保证放像设备能够正常工作。数字化视频的质量取决于模拟录像带的播放质量。制作、播放模拟录像带的录像、放像设备类型众多，但随着数码技术的发展，数字式摄录设备盛行，传统的模拟录像机、放像机很快淡出市场，目前已很少见，而有幸存留下来的设备，其物理状态也不容乐观，许多已无法正常播放。但是，这些放像设备却是播放相应录像带的必要工具，一旦缺失，对应的模拟录像带便可能永久失读。

2. 视频采集设备

视频采集设备由高配置的多媒体计算机的内置或外置的视频采集压缩卡组成。动态视频的数据量非常大，对计算机的速度要求很高。目前市场上的主流微机已基本可以满足要求。视频采集压缩卡简称视频卡，负责对送入计算机内的模拟视频信号进行采样、量化和压缩编码，是整个录像档案数字化系统的核心部件，其性能好坏对视频档案的质量起着关键性作用。因此，必须谨慎选择。现有的视频采集卡大致分为以下三个档次：

（1）低档视频采集卡

低档视频采集卡不是真正意义上的采集卡，而只是一个类似视频转换器的产品，如具有初级视频采集功能的电视盒或者有电视输入和采集功能的计算机显卡，其功能是将电视的模拟信号进行转换，再输入计算机，成为计算机可以识别的数字信号，然后在计算机中利用软件进行视频采集。缺点是不能进行硬件级的处理，包括压缩编辑等。低档视频采集卡分辨率较低，保存的文件类型少，功能相对单一，主要适用于在计算机上看电视和做简单的视频采集。

（2）中档视频采集压缩卡

中档视频采集压缩卡即通常所说的视频采集卡，它能将电视机或者录像机的模拟视频信号转入计算机。中档视频采集压缩卡种类较多，性能较好，搭配的软件较为专业、丰富，进一步可划分为视音频整合采集和视音频分离采集两种。视音频分离的采集卡为节省成本而省略了音频的采集部分，因此对计算机，尤其是计算机声卡的要求比整合型的高，如果计算机声卡较差，就可能出现采集时声音信号和视频信号不同步的现象。整合型采集卡较视音频分离型采集卡高档，它在视频卡中加入了音频采集部分，因而能明显提高视频采集效果。

（3）高档视频采集压缩卡

高档视频采集压缩卡是 MPEG 采集压缩卡的高端产品，可以采集来自任何视频源的视频和音频，制作包括 VCD、SuperVCD、DVD 和广播电视在内的各种数字视频应用。高档视频采集压缩卡提供的是纯硬件级压缩，多数附带价格高昂的专业多媒体制作软件。

在挑选适用于录像档案数字化的视频采集卡时，要仔细比较各种采集卡的性能、价格，对以下几项参数应予以特别关注：是否支持视频数据的硬件级处理，这类卡采用硬件完成压缩过程，既节省了时间，又节约了空间，而且硬件压缩后的图像质量较好；帧速率，帧速率的高低直接影响采集卡制作的视频文件能否流畅；是否带音频输入功能，如果视频卡仅能采集图像信号，音频信号必须通过声卡来传输录制，则将增大对计算机资源的占用率，并容易造成视频与音频信号的不同步，建议采用视音频整合采集的视频采集卡；是否附赠 VCD 制作软件。

3. 视频采集、编辑系统

录像档案的采集、转换和编辑除了需要视频采集卡外，还需要借助视频采集软件和视频编辑系统来实现。一般在购买视频采集压缩卡时会附带视频采集软件。通过视频采集软件，在实现录像档案的数字化采集之前，可以设定所需生成的视频文件格式，设置视频文件的各项参数，如调节录像信息的亮度及视频取样标准，以确保采集信号的质量。

视频采集卡配套提供的视频采集软件功能相对简单，通常无法对视频信息进行复杂的编辑和转换。因此，对采集后的视频信息，在必要的情况下，可以使用专门的视频编辑软件甚至功能强大的非线性视频编辑系统进行编辑处理。视频编辑与文本编辑类似，是将采集好的视频素材进行二次加工，如插入、剪切、复制、粘贴、拼接视频片段等，还包括文字、图形，乃至不同视频、音频的叠加、合成等，通过上述处理，在不破坏原真性的前提下，可以使视频档案更加清晰、美观和生动，并对视频内容进行适当的引导、指示和标注。

非线性视频编辑系统实际上是由视频编辑软件、高性能计算机、视音频卡和大容量 SCSI 硬盘阵列组成的集成系统，而不仅仅指编辑软件。非线性视频编辑系统功能强大，因此价格昂贵，动辄几十万甚至上百万，主要为广播级的视音频编辑所用。视频档案的数字化并不追求华丽的电影效果和很专业的影视编辑手法，只需对视频档案做最简单的编辑处理。因此，除了广播影视等少数专业系统的档案部门外，一般档案馆室无须配置非线性视频编辑系统。

4. 视频存储设备

数字化视频档案的离线或近线存储可选介质较多，刻录机的倍速和磁带机的数据阅读速度要尽可能高。联机存储情况下，对存储容量和读取速度的要求更高，因此硬盘容量要大，读写速度至少 7200 转/转。在网络共享环境下，最好配置磁盘阵列。

二、视频档案数字化的步骤与格式

（一）基本步骤

1. 原像带处理

该步骤与音频档案数字化类似。从库房中取出拟数字化的录像带，检查磁带的完整性及信号的质量并做相应的记录，必要时对原像带进行修复和倒带处理，以获得符合要求的信号源。

2. 设备准备和连接

数字化前先要准备好相关的软硬件设备。具体配置要视拟数字化视频的实际情况而定。配置好设备后，采取正确的方法连接。

3. 视频采集

线路正确连接、放像设备正常工作后，打开视频卡所带的采集软件，运行采集程序，并监控计算机上播放的视、音频质量。在正式采集之前，要做一系列的参数设置和调整工作：视频源设置，选择输入的视频端口，端口设置必须与实际连接方式相一致；视频制式设置，使视频采集卡能自动检测和接收不同制式的视频信号；视频格式设置，依据源视频质量情况和原来录制水平；视频码流设置，确定视频的传输速度；图像大小设置，设定采集图像的分辨率等；工作目录设置，设定采集后视频文件的存储路径。

参数设置后预览采集的信号，如果不理想则修改参数，优化采集环境，直到满意为止。此后，便可正式进行视频信号的采集。采集过程中，要对图像和声音的播放质量进行严格监控。

4. 视频编辑和格式转换

采集后的视频文件可以根据需要，使用视频编辑软件或非线性编辑系统进行剪辑、编排和视频质量及效果调整，必要时根据需要进行格式转换。

5. 光盘刻录

将数字化后的视频档案刻录到光盘中，刻录光盘前要先建立光盘内目录页面，以方便利用者浏览光盘时查找，然后把硬盘上的数字视频和光盘目录一同刻录到光盘上。检查光盘质量，打印光盘封面，并将其粘贴到光盘的盘盒上，用记号笔在光盘反面写上光盘的编号。光盘装盒后，竖直排放在卷柜中。

数字化后的视频档案同样需要采用数据库的方式对其进行管理和利用。鉴于视频档案数据过于庞大，一般将视频数据与其目录数据分别存储，视频数据以文件方式存储，目录数据以数据库形式存储，以避免因数据库过于庞大而降低检索和操作速度。每一相对独立的视频片段建立一条数据库记录，每条记录中不仅包括一般的档案著录项目，还要加入视频对象的源盘名称、摄制日期、摄制地点、摄制人员或单位播放长度、源盘制式及技术参数、数字化采集人、存储路径、存储格式、存储参数、采录编辑系统或软件、内容提要等字段。每一条目录中记录着其对应视频片段的存储路径，通过存储路径建立起两者之间的关联。

（二）视频档案数字化的文件格式选择

1. 主流视频文件格式

（1）视频音频交错格式

此格式将视频和音频交织在一起同步播放。其优点是图像质量好，独立于硬件设备，可以跨平台使用；缺点是体积过于庞大，无统一的压缩标准，用不同的压缩算法生成的 AVI 文件必须使用相应的解压缩算法才能播放出来。例如高版本的 Windows 媒体播放器可能播放不了早期的 AVI 文件。AVI 有较大的市场拥护度，目前主要应用在多媒体光盘、电影、电视等各种影像信息的保存上。AVI 也是我国电子文件管理国家标准认可的视频文件归档格式之一。

（2）动态图像专家组

运动图像压缩算法的国际标准采用有损压缩方法减少运动图像中的冗余信息，同时保证图像的显示质量。MPEG 文件也是我国电子文件管理国家标准认可的视频文件归档格式。MPEG-1 用于传输速率为 1.5 Mbps 的运动图像及其伴音编码。VCD 采用的就是 MPEG-1 压缩编码标准。MPEG-1 格式的图像质量优于 VHS 录像机，音频质量接近 CD，经过 MPEG-1 压缩后，视频数据压缩比可达 100∶1~200∶1，音频压缩比可达 6.5∶1，一部 120 分钟长的电影可以压缩到 1.2 GB 左右大小。

MPEG-2 用于传输速率为 4~10Mbps 的高清晰度视频信号，与 MPEG-1 兼容。DVD、SVCD 采用的就是 MPEG-2 压缩标准。MPEG-2 最大的优点是影像清晰，采用 MPEG-2 压缩算法可以把一部 120 分钟长的电影压缩到 4~8 GB 的大小。因此，适合用来存储对保真度要求很高的珍贵影像资料。

MPEG-4 是为了网络播放而设计的流式视频文件格式标准，它要求传输速率在 4800~64 000 bps 即可，追求使用最少的数据获得最佳的图像质量。MPEG-4 最大的特点是能够保存接近于 DVD 画质的小体积视频文件，具有比特率的可伸缩性、交互性和版权保护等功能，是视频传输、检索等应用领域普遍采纳的文件格式。

（3）MOV

MOV/QT 起初是由 Apple 公司为其 Mac 操作系统开发的图像及视频处理文件

格式,但随着个人电脑技术的飞速发展和普及,苹果公司不失时机地推出了 QuickTime 的 Windows 版本。MOV 格式具有较高的压缩比和较完美的视频清晰度,其压缩方式与 AVI 类似,但画面质量高于 AVI。MOV 几乎支持所有主流个人计算机平台,是数字媒体领域事实上的工业标准,其默认的播放器是苹果的 QuickTime Player。最新推出的 QuickTime 版本在原有的基础上进一步地扩展了 Internet 方面的功能,能够通过 Internet 提供实时的数据流,网络上很多视频都采用的是 QuickTime 文件格式。

(4)RM 格式

RM 是一种流式媒体格式,主要用来在低速率的网络上实时传输视频、音频。该格式压缩比很大,并可根据网络数据传输速率自动调整压缩比,从而实现实时传送和在线播放。其他格式的视频文件可通过 RealServer 服务器转换为 RM 格式并对外发布和播放。RM 是目前网络视频的主流格式。

(5)ASF

高级流格式是微软公司为了和 RealPlayer 竞争而推出的一种流式视频格式,可以直接使用 Windows 自带的 Windows Media Player 进行播放。它使用了 MPEG-4 压缩标准,其压缩率和图像质量非常优秀,其图像质量比同为流媒体格式的 RM 还要好。

(6)WMV 格式

WMV 也是微软公司推出的一种流媒体格式,它是由 ASF 格式升级延伸来的,在同等视频质量下,WMV 格式的文件体积更小,非常适合在网上播放和传输。

2. 视频文件格式的选择

数字化视频文件格式的选择同样需要考虑其保真性、通用性和利用的便利性等要求。从保真性角度讲,数字化采集形成的视频文件应保存为无损压缩的格式,但这是不现实的,因为不加压缩的视频文件数据量巨大,大量视频文件累积需要的存储容量难以想象。事实上,正是压缩编码技术的飞速发展,才使视频文件的数字化存储和网络传输成为可能。所以,对视频档案而言,采用有损压缩在所难免,只能尽可能保持文件的原真性。

综合而言,MPEG 压缩标准的视频格式在各个方面优于其他格式。因为

MPEG 是一个国际化的系列标准，具有良好的兼容性和通用性，能够比其他压缩算法提供更好的压缩比，并且已经成为市场的主流。MPEG-1、MPEG-2，H.264/MPEG-4AVC 压缩标准均可作为视频数字化的文件格式标准。考虑到 MPEG-1 的通用性较强，其数字信号质量与录像带的信号质量相当，且MPEG-1 是制作 VCD 的必需格式，通过 MPEG-1 格式还可以将数字视频文件转换为 MPEG-2格式来满足制作 DVD 的需要，因此，MPEG-1 可以作为录像档案数字化文件的首选格式。

大容量 DVD 光盘的逐步使用，使以 MPEG-2 或 H.264/MPEG-4AVC 高清晰度的视频格式存档具有可行性。但是，大量模拟录像档案由于受到制式的限制，其原始图像质量并不高，数字化后若采用过高标准的视频格式是无意义的，结果只能是增大存储容量。

在流媒体技术出现之前，视频文件的管理和利用局限于单机环境，网络利用几无可能。但随着宽带网和流媒体技术的逐步推广，视频文件的网络利用已成为现实。同时，对于流式视频文件的检索，由于用户端无法直接对其进行更改，大大降低了病毒感染和黑客侵入的概率，增强了系统数据的安全性。

事实上，视频文件根据保管目的和利用环境的不同，其归档格式不应当是唯一的，在很多情况下，可能需要同时保存为脱机格式、近线格式和在线格式。

（1）脱机保存格式

为了尽量保证其原真性，脱机保存格式根据视频源的质量可选择使用 MPEG-k MPEG-2、H.264/MPEG-4AVC 和 AVI 等。例如将数字化后的视频档案刻录到 VCD、SVCD、DVD 盘上。从技术上看，H.264/MPEG-4AVC 已胜过 MPEG-2，有可能成为今后高清晰视频的主流标准。

（2）近线保存格式

近线保存格式介于在线格式和离线格式之间，主要存放不经常被访问的视频档案，如果有用户访问，则调入在线服务器供用户利用。MPEG-1、MPEG-2 和 H.264/MPEG-4AVC 均可作为近线视频文件格式。随着视频文件的不断增加，近线也可考虑采用流式视频文件。

（3）在线存储格式

在线存储格式一般存放流式格式，这既解决了视频文件的网络利用问题，又保护了视频文件的安全性。如果已归档脱机存储格式为 MPEG-1、MPEG-2 和 H.264/MPEG-4AVC 格式，则须用流式编码软件将其转换成流式文件，然后在线提供利用。当然，如果视频文件暂时不提供网络利用，可待将来需要时再批量转化为在线格式。总之，脱机保存的视频文件应尽量接近其源文件，作为视频文件的"原件"来长期保存，其格式相对稳定。但随着计算机网络技术和视频文件编解码技术的发展，其在线保存格式会不断变化。

第四章

医院档案管理

第一节　教研室与医院实验室档案管理

一、教研室档案

教学、科研档案是教研室必须存档的重要资料。随着信息时代的到来，信息在人们的生活、工作中发挥着越来越重要的作用，如何做好教研室档案管理工作，使其更好地促进和指导教学、科研等活动就显得非常迫切和必要了。

（一）档案内容

1. 教学档案

教学档案是在教学活动中直接形成的，具有考察和利用价值的文件材料。它们以文字、图表、声像等不同载体形式存在，并按照一定规律集中保存。这些档案是教学内容、方法、途径和效果的真实记录，对于进行教学活动和教学研究来说，是不可或缺的依据和参考。它们是改进教学工作、提高教学质量、促进学术交流的重要信息资源。教学档案一般包括但不以下内容

（1）文本资料

①上级文件和教学相关的规章制度；

②教学大纲、年度工作计划、教研室教学实验计划；

③典型教案、讲稿；

④教材、重要补充教材、参考资料；

⑤学员课程考试、考查成绩、试卷、试题、标准答案和质量分析；

⑥教学日志。

（2）声像资料：

①教研室学年教学工作总结、教学经验总结；

②教研室重要教学活动材料；

③教学成果及教学论文材料；

④教学改革与研究相关材料；

⑤教研室教师获奖、受表彰及在学术团体任职情况的记录。

2. 科研档案

科研档案是在科学研究、技术革新以及科研成果推广使用过程中形成的，具有保存和利用价值的文件材料。这些材料按照一定的归档制度被集中保管，以确保信息的完整性和可追溯性。科研档案包括以下内容：

（1）科技文件资料：涵盖科学研究和技术发展过程中产生的各类文件和资料。

（2）科研课题开题立项、研究、总结资料：包括科研课题的开题报告、立项文件、研究过程中的记录、以及课题完成后的总结资料。

（3）科研成果资料：详细记录科研成果的文件，包括研究报告、成果展示和相关文档。

（4）专利项目材料：涉及发明专利、实用新型专利和外观设计专利的请求书、说明书、设计图、照片、权利要求书、代理人委托书、专利证书，以及国家发明奖的申报书和审批文件等。

（5）科研经费使用和消耗材料：记录科研经费的分配、使用情况，以及相关消耗材料的详细资料。

（6）科技学术交流和外事活动资料：包括国内外学术交流和外事活动的记录、报告和其他相关文件。

（二）档案管理

1. 分工负责，及时沟通

档案管理是全体教师的共同教学活动，要在档案管理上采取分工负责、定期汇总的管理模式。大家都参加档案的收集整理工作，集中群体的智慧，以使教研室档案的种类更加丰富，质量更高。同时，大家都了解档案的形成、管理过程及内容，也为在教学科研中更好地利用档案提供了可能。

2. 及时装订，定期交流

档案管理要逐渐形成制度，档案及时装订，定期在业务会上交流各自收集的档案及资料，年终或学期末评出档案收集先进个人或小组，给予奖励。这样做一方面确保教研室的档案资料完整地保存；另一方面确保各种资源在教研室范围内得到最大限度的共享。

归档材料应手续完备、质地优良、格式统一、书写工整、声像清晰，装订规范。

科研档案的组卷：一个研究课题档案一般由 1~2 卷组成。第一卷为主卷，包括开题报告、研究计划、原始记录、总结论文等；第二卷包括查新报告、鉴定证书、评议意见、使用情况等。

3. 利用计算机，逐步标准化

随着计算机的普及，档案的自动化管理势在必行，一方面可简化管理程序；另一方面可使档案材料更好地服务于教学科研工作。如将考试试题输入计算机，试卷全部由计算机排版打印，既防止了手抄存在的易出错且修改困难的弊病，又使试卷卷面整洁美观，易于标准化。由于各期试题全部存于计算机，经过多年的积累，将逐步形成小题库；并且，可在每年出题时，通过计算机编排功能实现互相填补和完善；同时，也可将各种教学总结材料输入计算机，逐步实现计算机对教学档案的全面管理，方便资料的提取、检索和使用。今后，可将所有教学科研资料输入计算机，如教师授课情况、考试试题分析、科研项目及成果等，以充分发挥计算机在档案管理中的作用，更好地发挥档案在教学科研中的指导作用，使档案管理提高到一个新的水平。

（三）档案使用

档案管理不应仅仅是一种保存手段，更应该服务于教学科研活动。因此，在教学过程中要注意利用和发挥档案的指导服务作用，如将各期试题单独装订成册，使之成为课程结束后考试命题的重要参考资料。某些资料从收集到保存都从教学的实用性出发，如实验课实行授课登记制度，将授课内容及仪器使用情况按时登记，积累档案资料，完善实验室仪器管理，更便于教师之间的互相沟通和监督。教学档案可定点保存，像实验室器材管理册即由实验室人员保管，人员更换则档案交易，便于接管人员之间的互相监督，成为教学科研管理的一部分，一方面发挥了档案效能；另一方面促进了教学。

档案管理作为教学科研活动的重要组成部分，应从实际出发，充分利用其直接来源于教学科研、贴近具体教学科研活动的特点，使其渗透到教学科研过程的各个环节，这样才能充分发挥它的实用性。为此，档案管理部门应充分发挥档案在教学科研管理和院校建设中的作用，努力提高档案开放效益和利用率，直接为教学科研工作服务。档案管理人员应当熟悉所保管的档案，编制目录、卡片、索引等检索工具和参考资料，逐步实行计算机管理，为档案利用部门提供高效率的服务。同时，建立严格的档案使用制度。档案一般在教研室阅读；复印、外借或借阅不便公开的档案，必须按照管理制度，严格手续，对借出的档案应当适时催还；对退还的档案应当严格清点、入库。利用教学档案的单位和个人，应当遵守有关档案管理规定，不得涂改、勾画、批注、剪裁、转借和私自复印。对借出的档案应妥善保管，按时归还；对遗失、损坏教学档案的，视情节轻重，按照有关规定，追究其责任。

二、医院毒理实验室档案管理

毒理实验室档案管理是医院档案管理的组成部分，毒理实验室的档案管理主要是对化学品毒性试验原始记录和报告的收集，从而对实验室产生的档案进行管理。所以，加强毒理实验室档案的管理，对于完善化学物质的记录有着重要的作用。然而，毒理实验室的档案管理往往不受重视，加之档案管理人员的综合素养不高，认识不到位，实验室原始资料收集和整理不规范，容易导致毒理实验室的档案管理出现问题。

（一）毒理实验室档案管理的重要性

医院临床的档案管理主要侧重于诊断及诊断结果的保存，而毒理实验室档案管理需要保存试验完整有效的原始记录和数据，因为毒理实验室主要承担各项化学品毒性检测项目工作，同时还开展相关实验研究。毒理实验室承担的检测项目是受外单位委托进行的化学品毒性实验，绝大多数检测项目是作为送检产品报送相关管理部门审批的必要材料，所以对试验结果的科学性、真实性要求极高，实验结果的科学性、真实性很大程度上从试验的原始记录和数据得以反映和体现。由于实验室与委托方签订了合作合同，一旦双方对试验数据或报告存在分歧，则可能引起纠纷甚至造成法律后果，而一份完整有效的试验原始记录可以帮助试验人员很好地解释所做过试验的科学性和真实性。因此，在医院的档案管理中，毒理实验室的档案管理占有很重要的位置。

（二）医院毒理实验室档案管理的思考

1. 提高档案管理人员的专业水平和职业道德

毒理实验室试验周期长，试验操作复杂且试验药品种类繁多，对档案管理人员的要求较高。因此要加大培训力度，特别是对档案管理人员进行试验器材以及试验药品认识归类的培训，提高档案管理人员的专业水平和基本知识技能，不断提高医院实验室档案管理水平。要改变工作人员对档案管理的认识，提高档案管理的地位，不断加强医院对档案管理的重视，提高档案管理人员的自信心和价值认同感，进而提高档案管理人员的职业道德水平，使得档案管理人员在工作中能够遵循职业道德，提高实验室的档案管理水平。

2. 强化对实验室原始资料收集和整理的监督

要加强对试验原始资料的收集和整理，要对试验室的实验人员进行实验室档案管理方面的教育，通过教育手段，不断提高试验人员对化学品毒性试验原始资料的重视，减少因重视不足出现的原始资料遗漏，要规范实验室原始资料收集和整理的程序，强化对实验室原始资料的收集和整理的监督，不断提高实验室档案管理的质量和水平。同时，实验室工作人员应加深对试验室档案管理的认识，意识到化学品毒性试验原始资料的重要性，进而提高实验室原始记录的完整性。

3. 加强对实验室工作人员的管理和要求

实验室要加强对实验室工作人员的管理和要求。试验人员在进行化学品毒性试验时，原始记录应及时填写，避免错漏；针对写错的记录或数据按规定更改，不得随意涂抹掩盖；原始记录分类有序存放，便于查阅，及时归档，避免损毁或丢失，保证资料处于安全状态；在规定时间将资料移交档案室，填写移交登记表；档案专职人员对收集的资料进行整理立卷，按卷宗编号有序存放，作为历史考查档案利用。避免在实验室出现原始资料记录缺失及记录本损坏等现象，避免对实验室档案进行管理时产生原始资料缺乏以及不足的现象，影响实验室档案管理的规范性。

4. 创新档案管理手段，提高档案管理的信息化水平

创新档案管理手段，减少人工管理的手段，利用互联网不断提高档案管理的信息化水平。在现今全媒体以及新媒体的发展背景下，信息化管理手段已经成为现代企业管理的主要方式。在档案管理中，一些医院实验室的档案管理采用的还是人工管理的方式，难以提高档案管理的水平和工作效率。因此，毒理实验室的档案可以通过信息化手段进行管理，将实验室档案管理的整理分类进行信息录入，利用信息化系统对档案管理中的资料进行分类管理，进而不断提高医院实验室档案管理水平。

三、临床实验室档案管理

（一）临床实验室档案管理的重要性与注意事项

1. 临床实验室档案管理的重要性

临床实验室是为诊断、预防、治疗人体疾病或评估人体健康提供信息为目的，对来自人体的材料进行生物学、微生物学、免疫学、化学、血液免疫学、血液学、生物物理学、细胞学、病理学或其他检验的实验室，也有人称之为医学实验室。实验室可以提供其检验范围内的咨询服务，包括对结果的解释和为进一步的适当检查提供建议。医院临床的档案管理主要侧重于诊断及诊断结果的保存，一份完整有效的试验原始记录可以帮助试验人员很好地解释所做过试验的科学性和真实性。因此，在医院的档案管理中，临床实验室的档案管理占有很重要的位置。

2. 临床实验室档案管理应注意的事项

临床实验室档案管理水平的提高对促进医院档案管理的规范化、制度化有很重要的意义，在现实工作中，我们应该注意提高档案管理人员的专业水平和职业道德、强化对实验室原始资料收集和整理的监督，以及加强对实验室工作人员的管理和要求，并且创新档案管理手段，提高档案管理的信息化水平。

（二）临床实验室档案管理的过程

临床实验室档案管理是确保实验室数据完整性、准确性和可追溯性的关键过

程。这个过程通常包括以下几个步骤:

1. 收集与归档

实验室产生的数据和文档需要被及时收集并归档。这包括实验报告、患者样本信息、实验方法、结果记录和质量控制数据等。

2. 数据录入

将收集到的数据录入到电子管理系统中。这一步需要确保数据的准确性和完整性,避免输入错误。

3. 数据验证

录入的数据需要经过验证,以确保其符合实验室的质量标准。这可能包括对数据的双重检查、使用自动化工具进行错误检测等。

4. 存储管理

数据和文档需要被妥善存储,以便于未来的检索和分析。这可能涉及到物理存储(如文件柜)和电子存储(如数据库或云存储)。

5. 数据安全

保护档案数据不被未授权访问、篡改或丢失。这包括实施访问控制、数据加密和定期备份等安全措施。

6. 检索与利用

实验室工作人员需要能够方便地检索档案数据,以支持临床决策、研究和质量改进活动。

7. 质量控制

定期对档案管理过程进行质量控制检查,确保数据的准确性和完整性,并及时纠正任何发现的问题。

8. 法规遵从

确保档案管理过程符合相关的法律法规要求,如医疗保健隐私法案(HIPAA)和临床实验室改进修正案(CLIA)。

9. 持续改进

根据反馈和质量控制的结果,不断改进档案管理流程,提高效率和质量。

10. 销毁与处置

对于不再需要保留的档案,需要按照规定程序进行安全销毁,以保护患者隐私和遵守法规。

临床实验室档案管理是一个动态的、持续的过程，需要实验室工作人员、管理人员和 IT 支持团队的共同努力，以确保数据的质量和安全。

第二节   医院科研信息档案管理

一、科技档案

科技档案工作的基本任务是保管和开发科技档案信息资源。保管是科技档案工作为人类积累科技文化财富的具体措施，开发利用科技档案信息资源是为了发挥保管工作的效益，进一步促进科技档案工作的开展。虽然二者相伴而生，但是由于科技档案信息资源的开发利用，要以科技档案资源的积累为基础，这项工作的开展则滞后于科技档案的资源积累。

科技档案信息资源的开发利用工作的开展可分为三个层次。第一个层次是以方便利用者查找为目的的信息开发工作，即科技档案部门编制检索工具，为利用者及时、准确地找到所需要的科技档案原件创造条件，并且通过不断完善检索工具的功能，形成科技档案检索体系，使库藏的全部科技档案都能够被利用者认识，进而使科技档案信息资源得到广泛的利用。第二个层次是以协助利用者利用科技档案为目的的信息开发工作，即科技档案部门对科技档案信息进行加工，为档案利用群体提供系统、优质的科技档案信息，以节省利用者查找、鉴别相关科技档案的时间，提高科技档案的利用效益。第三个层次是以参与利用者的信息研究为目的的信息开发工作，即科技档案部门从单纯地为档案利用者提供适宜的科技档案信息，发展为有针对性地向利用者提供，作为决策信息支持的相关科技档案信息的综合研究成果。这时的科技档案编研人员已经从单纯的科技档案信息的提供者，变成了科技档案信息的提供与利用者。这三个层次体现了科技档案信息开发利用工作渐进发展的过程，也是科技档案工作不断完善的过程，对现代科技档案工作具有重要意义。

（一）科技档案编研工作

科学技术档案编研工作简称科技档案编研，是中国档案界根据其工作内容概括的一个专业概念。即在科技档案信息研究的基础上，按照一定的主题将相关科技档案信息集中，把它们加工成各种形式的科技档案信息产品，有效地向社会提供优化、系统的科技档案信息的一项科技档案信息资源的开发利用工作。因此，科技档案编研工作具有以下特征。

1. 科技档案编研工作以科技档案信息为主要工作对象

信息是人类社会活动的重要条件，随着社会信息能力和信息数量的增长，我国在信息管理方面分别形成了图书管理、档案管理和情报管理的社会分工。在各自长期的管理活动中，逐渐积累了一定规模的管理对象，并且针对它们的特点展开了各自的信息研究与加工。在图书和情报部门，这项工作被称为情报或信息研究工作，档案部门则称其为编研工作。在图书、情报和档案工作"三足鼎立"的情况下，深入开发各自的信息资源，是全面、合理开发国家信息资源的客观要求。

坚持以科技档案作为科技档案编研主要的研究、加工对象和信息源，是科技档案编研能够持续发展的前提。首先，长期、持续的积累使科技档案部门拥有大量、丰富的科技档案信息资源，以科技档案信息作为开发研究的主体，发挥了科技档案部门的优势。其次，科技档案具有较强的专业性，开发科技档案信息资源需要编研人员具备相关专业的基础，科技档案工作者长期从事科技档案管理工作，熟悉科技档案信息的特点，开发科技档案信息资源更为得心应手。特别是科技档案部门开发自有的档案信息资源，还能为档案所有者创造一定的经济效益，不会引起知识产权纠纷，必然受到各方面的支持。

以科技档案信息为开发主体，并不是一概排斥其他信息，反而要求适当吸收相关科技信息。科技档案编研是以集中相关科技档案信息的形式为利用者服务的，为此，一方面，科技档案编研为了保证提供信息的实用性，必须适应科技活动的延续性和动态性特点，及时补充相关的科技信息；另一方面，还要考虑利用者的客观要求，将他们关心的相关信息补充进来。这就要求在编研过程中，要特别注意将相关科技对象或活动的最新信息，如继续形成的相关科技活动的信息、相关技术或产品的市场反馈信息以及同行业相关科技信息等，及时收入编研成品之中。

2. 科技档案编研以主动满足一定规模的利用需求为目的

科技档案编研是开发科技档案信息资源的一种方式，是针对大量和系统的利用需求，积极提供高质量的科技档案信息服务的具体措施。强调编研的目的性，在当前要求编研工作满足一定规模的实际需要，这是协调科技档案编研与其他各种科技档案利用方式的重要依据。而且，随着信息化的发展，必然将更加注重编研工作的效益。

3. 科技档案编研以档案信息研究为基本手段

科技档案编研是一项科技信息的再生产活动，与其他科技档案工作相比，突出特点是对科技档案信息的智能控制。其他科技档案工作多以档案实体为对象，如科技档案的整理、立卷、保管、调卷等工作，虽然都是专业性档案技术操作，但是它们毕竟很少涉及对科技档案信息的研究，而编研工作要实现其预期的目的，必须以科技档案信息研究为手段，离开了对科技档案信息的研究，任何一项编研工作都将寸步难行。

4. 科技档案编研以提供高质量的档案信息服务为标志

科技档案编研的根本目的是进一步发挥科技档案信息的作用。为此，科技档案编研提供了易用的科技档案信息及其新的载体形式，以其创造的信息产品缓解了科技档案利用的矛盾，较好地满足了利用者对科技档案信息系统利用的要求。为此，编研工作不仅要求每个编研成品信息的高质量，而且还要求编研成品交流的高效率，在此意义上，提供科技档案编研成品具有其他档案利用形式无法比拟的优越性。

（二）科技档案编研工作的内容

为了适应经济建设、科学技术事业和信息经济发展的需要，实现科技档案编研工作的目的，科技档案编研工作应该由编研技术工作和编研管理工作两部分组成。因此，科技档案编研工作具体包括以下内容：

1. 科技档案编研技术工作的内容

（1）科技档案编研成品的选题和选型

科技、生产活动是人类社会基本的实践活动，由于它的目的、内容、方法和要求各异，对科技档案信息的需求也是多角度、多层面的。为实现科技档案编研应有的效益，首先要根据科技、生产及其管理活动与社会其他工作对科技档案的利用需求，有针对性地确定编研项目的主题；为了提高科技档案编研成品的利用效果，还要求进一步确定最适宜表现编研信息主题的编研成品类型。这样才能实现编研工作的目标，进而为编研任务的顺利完成奠定基础。

（2）科技档案编研材料的选择与核实

充分占有相关科技档案材料是科技档案编研工作的基础与优势。受科技档案的形成规律的制约，科技档案信息虽然丰富，但是同类科技档案信息却散存于各套档案之中，科技活动的相关性和渗透性使相关科技档案信息在科技档案实体中的分布更加离散。而符合编研成品主题和类型要求的编研素材，必须经过对科技档案材料的查找、鉴别加以确定，以便使科技档案编研工作具备信息加工的对象。

（3）科技档案信息的加工

档案信息加工指按照既定的要求，通过对入选科技档案材料的综合、归纳、提炼与改编，形成科技档案信息单元的编研作业过程。信息加工一方面是为了使科技档案信息的表达更加准确、扼要，提高其易用性；另一方面，是为了明确或揭示科技档案信息之间的关系，进一步提高入选信息的整体价值，充分方便利用者，为实现科技档案信息的价值创造条件。

（4）科技档案编研成品的后期制作

科技档案编研成品是系统揭示相关科技档案信息的载体。必须根据一定的结构和体例形式，将加工的信息单元有机组织起来。按照信息交流的要求，还要编写有关的辅助部分，经过排版将选择、核实、加工形成的单独的科技档案信息，组成便于流通和使用的科技档案编研成品。如果将编研工作内容形象地比喻为工业产品的生产过程，那么，信息加工就是零部件的生产过程，编排与后期制作就是整机装配过程。

（5）科技档案编研产品的校核与审定

科技档案编研成品的校核是对编研成品进行整体的检查与修改。科技档案编研产品的审批指在对编研成品初稿进行审查批准的基础上，做出有关该编研成品制作、交流的一系列决定。虽然校核和审批都是对编研成品进行最后的把关，但是它们的任务与责任是不同的，校核是保证编研成品质量的重要措施；审定则体现了科技档案编研成品法人对其知识产权的认定。

2. 科技档案编研组织管理工作的内容

科技档案编研工作是一项长期发展的科技档案业务工作，必须实行科学管理才能使它真正成为科技档案工作新的生长点。加强编研工作的组织管理，不仅是科学、高效地开展科技档案编研工作的客观要求，也是科技档案编研工作顺利发展成为信息服务机构的必要条件。其内容包括：

编研的计划管理，即运用现代管理与市场经济的理论与方法，组织、协调与指导本单位及所属单位科技档案编研项目的选题与编研作业。

编研的人员管理，即根据科技档案编研工作的要求，对编研人员进行合理的组织与培养，提高他们的积极性与编研技术水平，从根本上保证科技档案编研工作顺利进行。

编研的作业管理，即以控制编研成品质量为目标，对编研作业实行全过程的科学管理，不断提高科技档案编研工作的效率。

编研成果的管理，即进行编研成果的申报、评价及编研档案的管理。

（三）科技档案编研工作的必要性

1. 现代化建设的客观需要

现代化是一个相对的观念，各发展时期都具有不同的内涵。建立和完善社会主义市场经济体制与加速国民经济信息化，是现阶段我国社会主义现代化建设的主要标志，也是我国赶超世界科技潮流的重要步骤。现代化使国人体会到了全球竞争的意义，市场机制的核心是竞争，而赢得竞争的前提是获取充分的信息，这足以说明信息在市场经济中的重要地位。微观市场活动是这样，宏观调控更是如此。获得信息、分析信息、发布信息，既是政府制定宏观经济政策的基础，又是政府进行政策引导的手段。

当前世界经济的发展状况是，传统工业生产方式的重要地位逐渐被以信息技术革命为代表的知识经济所取代。知识经济是建立在知识和信息的生产、分配与使用基础上的经济。它是以高科技发展为主导因素的新的经济形态和以高新技术与知识密集型服务业为主体的新的经济结构。

　　知识经济的崛起导致现代竞争的优势从企业的制造技术转向企业的科技创新，致使无形资产在企业资产总值中的比重显著上升。现代企业主要关注的对象是信息、知识、人才，而不是原料、设备和劳动力，并且将物质生产过程视为一种信息获取、存储、处理、传输、控制的流动过程，从而在人机、机机以及机器与劳动对象之间，以数字化作为共通的桥梁，建立起自动化系统。

　　知识经济的崛起强化了社会的信息需求，也向人类昭示了信息加工产生知识的重要作用，这不仅对企业档案、情报等传统信息工作的发展产生了重大影响，而且刺激了新兴信息产业的诞生。代替别人管理信息或对数据进行处理，即以信息产品为基础的新兴信息服务业迅速发展。在美国已经出现了专门为企业保管和开发档案，并使其增值的企业"历史工厂"，至于以信息为依托形成的各种数据库业、信息咨询服务业，更是令人眼花缭乱、耳目一新。

　　在现代企业内部，信息在资源配置中的基础作用及其在科技创新中的能动作用日益显露出来，科技档案信息作为一种战略资源、经济资源、企业资源的意识逐渐深入人心。知识经济的增长方式使现代企业重新认识了档案信息资源，科技档案工作者已经深切感到现代企业的档案信息需求在规模、质量和角度等方面的变化，"大力开发信息资源""活化科技档案信息"已经成为科技、生产及其管理活动的直接要求，这些要求已经难以通过提供科技原件来满足。

　　2. 高效保护科技档案信息的历史要求

　　持久地保存有价值的科技档案是科技档案工作的重要历史责任。随着科技档案的迅速增长，其保管任务日益艰巨。历史证明，将原始科学技术信息编纂成册，为后人保存珍贵、典型、系统的科技史料，是有效保存历史档案信息的成功之举。

　　值得注意的是，流传至今的珍贵古代科技文献，并不是前人保存下来的原始文献。在漫长的历史过程中，档案难以避免自然灾害与战乱的破坏，永久保存十分困难。但是，将其中最珍贵的文献编纂成册，不仅便于当时科技知识的传播，而且能够使它们长久地流传下去，这条宝贵的历史经验值得借鉴。在科学技术飞速发展的今天，档案载体和记录方式更加多样，档案数量增长速度惊人，永久保存科技档案信息的难度更大，将科技档案原件全部、持久地保存下来几乎不大可能。

　　3. 现代科技档案工作发展的必然结果

　　科技档案是人类科技活动的衍生物，随着社会主义现代化建设的蓬勃发展，形成、积累的科技档案与日俱增，持续的积累不断扩充着科技档案的数量，丰富着科技档案的信息资源。

首先，由于数量和种类的迅速增长，科技档案的管理变得日益复杂，一方面要求加强科技档案实体分类、立卷的科学性，增加了科技档案管理的难度。小要求提高科技档案鉴定的准确性，在保证馆藏质量的前提下，尽可能减少保管的数量。最后，逐渐提高的利用频率，加重了科技档案使用中的磨损，对科技档案实体的安全造成了一定的威胁，也加大了其他实体管理活动的工作量。再次，由于科技档案数量的迅速扩展，传统的提供原件利用方式产生了准确调卷的困难，而且科技档案数量和种类越丰富，相关信息的分布就越分散，系统查找就更加耗时费力，进一步激化了科技档案保存与利用的矛盾。

科技档案数量的增加及其对科技档案管理提出的挑战，促进了科技档案工作专业化的发展，科技档案工作者的业务能力随之得到锻炼和提高，科技档案机构因此更加规范、系统；其间，各单位逐渐为科技档案管理部门创造了一定的设备与工作条件，国家科技档案事业有了长足的发展。处于这种状况下的科技档案工作，一方面要研究如何适应形势需要，充分发挥自己的专业职能；另一方面要谋求自身的新发展，以便在信息行业的激烈竞争中保持一定的生存空间。

我国科技档案工作者的这一选择，完全符合国际信息工作发展的趋势。知识经济的发展将信息的利用能力提升为决定现代企业生死存亡、成败兴衰的关键因素，掌握信息流、运用数据分析技术成为企业决策的基本手段。在国内外竞争的巨大压力下，现代企业越来越重视对现有信息资源的收集和利用，通过挖掘自己的档案信息资源，对其进行分析、沟通，将发现许多过去认识不够或未被认识的数据关系和现象，帮助企业管理者做出更加科学的决策，不仅大大提高了现代企业的信息利用能力，同时也提高了科技档案工作的地位。

二、医院科研档案

（一）医疗档案信息共享的价值分析

1. 减少医疗成本，提高医疗服务人性化水平

长期以来，老百姓反映最强烈的问题是"看病贵"，这与医疗资源供给满足

不了老百姓实际需求存在密切的联系。在网络技术的支持下，医疗档案信息共享平台得以建立，实现某个区域内医疗资源的均衡合理分配，强化医疗设备、医疗技术等资源的有效利用。在此基础上，减少医疗机构的运营成本，降低病人经济负担，这在根本上对于提升医疗服务体系人性化水平具有重要的意义。

2. 促进医院档案管理工作的标准化，加强部门之间的交流

立足开放与共享的平台，医院每个机构部门都具备双重身份，通过被监督与监督的身份，从而达到加强自我约束，实现互相监督的目的，有力地提高服务质量，提升办事水平，这对促进科研档案标准化管理具有十分重要的影响。此外，信息共享背景下形成的数据资源为各个机构之间的合作和交流提供了更加全面的治疗信息。同时，实现信息公开透明化管理后，有助于病人对医院及医务人员进行监督和评价，成为反馈医疗信息的重要途径，在很大程度上有助于提高医务人员的技术水平和业务能力。

3. 提高档案开放化程度，改善医患关系

目前，医患关系紧张的主要原因是患者对医务人员、对医院缺乏信任。在共享医疗档案信息后，有助于患者了解和监督诊疗过程和医疗行为，可以在一定程度上消除误解，改善医患关系。此外，医疗信息公开也可以加强医务人员的自律性，达到自我约束的目的。

4. 符合时代发展的要求

在网络技术的支撑下，医疗档案信息共享在社会各个领域中的影响力越来越强。根据国家档案局有关要求，档案信息化建设成为关键点，并且成为目前医疗行业科研档案管理工作的发展方向。因此，在医疗档案信息共享的背景下，必须加大信息管理在医疗科研领域中的投入力度，这是时代发展的必然。对此，要不断强化管理思想的改变，促进创新与改革，充分发挥网络化与数字化的特点，在本质上推进医疗科研档案的规范化管理，更好地发挥其在医疗科研领域中的重要价值。

（二）医疗科研档案的特征

相对于其他类型的档案，医疗科研档案的特点。主要体现在以下两点：其一，档案形成时间较长，专业性较强。医院医学科研工作需要的周期相对较长，

所以从医学科研档案管理工作来看，医学科研资料收集的周期较长，涉及的范围广泛、内容多、覆盖面广。同时，医学科研档案的专业性较强，所以在各种类型的课题项目档案管理中必须分开管理档案，并且对不同类型的档案进行编码。医学档案在分类中主要分为大方向和小方向。其中，大方向主要是指一类学科，而小方向主要是指三级学科。在档案分类中需要确保专题的完整性和各个学科的独立性。其二，学科综合性相对较强，项目多。医学科研事业具有项目合作类型多、学科综合性强等特征，并且医学探究自身就是多学科的研究项目。目前，在医院研究领域中出现越来越多创新的科技。随着交叉学科和边缘学科的不断发展，许多重大的课题不再是专业科室和单一学科就能实现和完成的，务必要通过多学科的联合攻关。因此，在研究医院医学科研课题的时候，载体具备综合性强、数量大等特点。

（三）医院医疗科研档案管理的必要性分析

医学科研档案主要是指在医院发展过程中，科研人员在医学科研探究中产生的各种图表、声像等不同形式的记录，也记录了最初的科研过程。该档案管理是医学科学探究的主要载体，在医学科研档案中包含许多科研成果、先进技术等信息，是一种无形的、珍贵的资产。医学科研档案能够纳入卫生资源的范围，有助于推进科研工作的发展，提高医学科研水平，促使医学的稳定发展，缓解病人的疼痛。医院医疗档案主要是指医院工作过程中日积月累的各种录音、文件等载体的档案，是开展医院工作过程中留下来的珍贵财富。因此，必须加强医院医学档案的管理，这对促进医学稳定发展和现代化建设都具有极为重要的作用。从目前医院医疗科研档案管理来看，还要结合新时期医院发展的特征，不断完善医院档案管理，促使医院档案管理加快现代化发展。通常，医院档案不只是涵盖医院的整个发展史，还会涉及病人就医过程中产生的文书档案、病理切片等，直接关乎病人的健康和医学的发展，所以加强医院医疗科研管理是非常必要的。

（四）医疗信息资源共享背景下加强医院科研档案管理的有效措施

1. 完善医院科研档案管理体系，提升档案存储的可靠性

在医院科研档案管理活动中，管理制度化是最重要的。建立和健全标准的科

研管理体制是确保医院科研工作科学化管理的基础。采用科研管理体制来规范和引导医院科研活动，才可以使所有科研工作都能有章可循，并且产生更多的社会效益。因此，医院科研档案管理必须实施责任连带体制，以免出现相互推脱责任的情况：由专业的管理人员负责档案归档与分类，并且实现统一的管理；由于纸质档案具备容易损坏、难以持久保持的特征，所以轻拿轻放，并且在电脑中备份；为避免电脑被病毒侵害导致瘫痪，给档案管理带来麻烦，必须安装正规的杀毒软件进行定期杀毒；对档案存储设备进行定期保养，实现档案的安全管理。

2. 医疗领域高层管理人员要注重科研档案管理信息化建设

医疗档案管理工作的正常开展及信息化建设的整体推动，离不开整个医疗领域高层管理人员的支持和重视。因此，医疗领域的管理人员要提高科研档案管理信息化建设的重视程度，结合医院实际情况，基于医院的长远发展目标，进一步了解信息化建设的优点。根据本身发展情况，注重信息管理系统机构的组建，加大信息化平台的建设力度，将科研档案管理工作归纳到医疗领域的管理工作范围，加强管理的标准化，从根本上提高科研档案管理效率。

总而言之，在医疗档案信息共享的背景下，医院科研档案管理面临越来越高的要求，特别是在信息化和标准化方面需要接受更多的挑战。因此，必须正确认识医院科研档案管理工作中的问题，不断探索有针对性的措施，强化制度的完善，提高信息技术水平，促进科研档案信息共享建设的发展，充分发挥医院科研档案的应用价值，从而满足社会的多元化需求。

第三节　医院病历档案书写管理

一、病历书写

(一) 门 (急) 诊病历书写格式及内容

1. 门诊病历本（俗称小病历）

门诊病历本即目前各医院门诊应用的由患者保管的门诊简要病历。

2. 门诊病历

门诊病历要认真填写患者姓名、性别、年龄、职业、住址、邮政编码等。

每次就诊时，均需写明科别、年、月、日。记录内容要简明扼要、重点突出。

初诊病历具体内容包括主要病史、体征、实验室检查及诊断仪器检查结果、初步诊断及诊疗意见。需要复诊者，要注明复诊时间以及须提请复诊医师和患者的注意事项。

复诊病历可重点记录病情、体征变化及治疗效果，实验室及诊断仪器检查的结果，初步诊断及继续诊疗意见。

对一时难以确诊的患者，可写"发热待诊""腹痛待查"等。

接诊医师应签全名。

（二）完整住院病历格式及内容

1. 一般项目

科别、病房、床号、门诊号、住院号、医疗保险号，×科第×次入院记录、过敏史、姓名、性别、年龄、籍贯、职业、婚配、民族、入院日期、现在住址、邮编、病史记录日期，联系人姓名、与患者的关系。病史叙述者、联系人住址、联系电话、可靠程度。

2. 问诊

（1）主诉

主诉是促使患者就诊的主要症状及持续时间。求重点突出，要有高度概括性，文字简明扼要，一般不超过 20 个字，不能用诊断或检查结果来代替主诉。起病短者，应以小时记述；主诉多于一项者，应按发生的先后次序分别列出，如：上腹痛 10 年，便血 1 年，呕吐 4 小时。

（2）现病史

现病史是从发病到就诊前的详细过程，应和主诉结合在一起，共同反映疾病的发生、发展、变化的详细情况，其内容应根据对主诉的初步分析、推理，沿着不同的线索进行询问，要求内容具体、精确，对具有鉴别诊断意义的阴性症状亦应列入。症状出现的时间，如系急性病，常以住院日期前推算，如住院前第×日

（或×小时）。如症状已若干年月，记述应从发病时开始，对其发生发展的过程要按时间先后顺序，由远及近，一直叙述到就诊前。

（3）既往史

既往史是系统回顾，这一点对初做临床的医生很有必要，应自幼年详细询问，为防止遗漏，要引导患者进行回忆，内容应包括下列各项：

既往健康状况：健康还是虚弱，患过哪些主要疾病。

急性传染病、地方病、职业病史：按年代顺序记述当时的主要症状，可能的诊断，持续的时间，治疗情况，有无并发病或后遗症，接受过何种预防注射、接种次数、日期及最后一次接种的时间。

手术、外伤、中毒及输血史等：对做过手术者应写明术后的病名，手术名称、日期及预后情况。

过敏史：有过敏史者应写明致敏原（含药物）、发生时间、反应类型及程度。

（4）个人史

个人史应包括下列各项内容：

出生地及经历地区（特别应注意自然疫源地及地方病流行区，说明迁徙年月）。

生活及饮食习惯，烟酒嗜好程度，具体用量等。

过去及目前职业及其工作情况（包括入伍或参加工作时间，兵种、工种或职务），有无与粉尘、毒物、放射性物质、传染性患者接触史等。

（5）婚姻史

结婚年月（或年龄），配偶健康情况，夫妻感情，如已离婚或丧偶应说明原因及时间。

（6）家族史

父母、兄弟姐妹及子女的健康情况，病故者应说明年龄及其原因。如家族中有肿瘤、高血压、糖尿病、精神障碍及抽搐发作等病时，也应进行详细询问。

二、处方档案管理

（一）处方书写的重要性

处方是医疗和药剂制备上的一项重要书面文件，是医师为患者治疗的文字凭据，也是药师调配发药的依据。医师在明确诊断或初步诊断后书写处方。书写处方时应思想集中、态度严谨，依据病情审慎地筛选药物，决定剂量和用法。处方正确与否直接关系到患者的治疗效果和生命安危，它具有法律上、技术上和经济上的意义。书写处方或调配处方中发生差错或造成医疗事故，医师或药剂人员负有法律上的责任。医师除掌握丰富的临床知识外，还必须掌握药物的药理作用、适应证、毒副作用、剂量、用法及有关药物动力学、药效学数据及药物相互作用等，以确保用药的安全有效，尤其是麻醉药品、医用毒性药品及贵重药品等。

（二）处方的类型

处方按其性质可分为医师处方、协定处方及制剂处方等三种类型。

1. 医师处方

医师处方是医师为某一患者治病用药时的书面文件，其中包括麻醉药品处方、精神药物处方及一般药物处方。

2. 协定处方

协定处方是医疗单位内部根据经常性医疗需要协商制定的一些处方，经药事管理委员会审查和院领导批准，并报当地卫生行政部门备案，可作为医院常规处方，以便节省调配时间，提高工作效率。

3. 制剂处方

制剂处方主要指药典、部颁标准及地方标准收载的法定制剂处方及各种地区性制剂手册中所载的处方。前者具有法定性质，在书写或配制处方时均须照此规定。制剂处方都应根据医疗需要并通过实践总结提高，经当地卫生行政部门批准注册。

此外还有单方、验方和秘方。单方一般指比较简单的验方；验方是民间经验处方，简单有效；秘方一般指过去秘而不传的验方或单方。这些单方、验方和秘方中有不少是人们在长期与疾病斗争中所积累的经验，具有特殊疗效，应注意发掘、验证、整理与提高。

三、护理档案管理

（一）体温单

用蓝墨水笔填写眉栏中的姓名、入院日期、科别、病室、床号、住院号、住院日期和住院天数。住院日期首页第一天及跨年度第一天须写年、月、日，每页体温单的第一天及跨月份第一天须写月、日，其余只填日。

用红墨水笔填写手术（分娩）后天数，以手术（分娩）次日为手术后第一天，依次填写直至 14 天为止。第二次手术在日期栏内写Ⅱ，手术后日数填写同上。若术后日期已填好，而在 14 天内又行二次手术，则在原日数的后面加一斜线，再写上Ⅱ，二次手术的术后日数以同法表示。

（二）体温、脉搏的绘制

体温曲线的绘制：用蓝笔将所测体温绘于体温单上。口温用"●"表示，腋温用"×"表示，肛温用"O"表示，两次体温之间用蓝直线相连。物理降温半小时后，所测的体温画在物理降温前的同一纵格内，以红表示，并用红虚线相连，下一次体温应与降温前体温相连。体温不升，低于 35℃者，在 35℃处画温度标记。测温时病人不在者，事后要补测，并画在相应时间内。若赴外地检查数日未测者，留空格不予连线。

脉搏曲线的绘制：脉搏用红"●"表示，两次脉搏之间用红直线相连。如遇脉搏与体温重叠。则先画体温，再将脉搏用红圈画于其外。有脉搏短细的病人，其心率用红"O"表示，两次心率之间亦用红直线相连，在心率与脉搏曲线之间用红斜线填满。

在 34℃以下栏内用红墨水笔记录大便次数、入液量、尿量、呕吐量、引流量、痰量、体重、血压、药物过敏等内容。

项目栏：若已注明计量单位名称，只须填数字，不必写明单位。

大便次数：均于下午测温时询问，故应记入当天的大便栏内。

导尿：以"C"表示；如保留导尿，则须记尿量，用分数表示，"C"做分母，尿量做分子。

血压：新入院病人的首次血压常规记录在体温单相应栏内。住院期间按医嘱每日测量 1~2 次，应及时记录。

体重：新入院、手术前及住院期间每周均须测量体重，记录于当天相应格内；危重病人或不能下地活动者，应以"平车"表示。

药物过敏栏：填写皮试阳性或过敏反应的药物名称，并于每次更换体温单时转录过来。

（三）医嘱单

医嘱按时间顺序抄写在医嘱单上，每行医嘱顶格书写，第一个字应对齐；一行未写完的内容，书写第二行时应后移一格；如第二行仍未写完，第三行应与第二行第一个字对齐。

长期医嘱应抄写在长期医嘱栏内，写明日期和具体时间；停止医嘱，则在原医嘱的停止栏内写上日期和具体时间。

长期备用医嘱（PRN）写在长期医嘱栏内，执行前须查看上一次医嘱执行时间；每执行一次后，均应在临时医嘱栏内做记录，并注明执行时间。

临时医嘱抄写在临时医嘱栏内，写上执行时间。

临时备用医嘱（SOS）执行后，抄在临时医嘱栏内，未用者不予抄写。

药物过敏试验后，应将结果填写在临时医嘱栏内。阳性反应者应用红墨水笔注明"+"，以示重视，记入体温单，并在床头卡、门诊病历卡上做醒目标志。执行者在医嘱本相应栏内签名。

医嘱已抄写后又作废，用蓝、黑墨水笔在执行时间栏内写"作废"。

凡转科、手术、分娩或整理医嘱时，在最后一项医嘱的下面画一红横线，表示停止执行以上医嘱；如系重整医嘱，则在红横线下用红墨水笔在长期医嘱栏内写上"整理医嘱"及日期。整理医嘱时，必须整理和准确抄录有效的长期医嘱，并写原开医嘱的日期和具体时间。将护理级别、饮食、病危、陪护等医嘱整理在前面，治疗医嘱按原来的日期排列顺序抄录。如有空格，用红墨水笔从左下至右上顶格画一斜线。

病人转科、出院或死亡，应在临时医嘱栏内注明转科、出院及死亡通知时间，停止有关执行单上所有医嘱。

认真执行查对制度，医嘱处理完毕，需每班核对，每周总核对一次，并由核对者签名和登记。

医嘱较多、一张医嘱单不够记录时，可续一页，未用完部分仍按原格式依次抄录。

（四）临床护理记录单

临床护理记录单常用于危重、抢救、大手术后，以及特殊治疗需严密观察病情、掌握全面情况和须要记录出入量的病人。

1. 记录内容及要求

根据医嘱及病情需要，一般记录体温、脉搏、呼吸、血压、症状、病情变化、出入量、卧位、所用药物、治疗、疗效及其反应、主要抢救措施及特殊护理等。

记录必须及时、准确、真实、完善。内容简明扼要，医学术语应用确切。字迹清楚端正，不得涂改。眉栏及页数必须填写完整。

2. 记录方法

用蓝、黑墨水笔填写眉栏各项：姓名、病室、床号、诊断、住院号等。晨7时至晚6时用蓝、黑墨水笔记录，晚6时至次晨7时用红墨水笔记录。

白班护士于下午6时做出入量小计（画一蓝横线，小结日间出入量），夜班护士于晨7时总结24小时出入量（画一红横线，总结后，再画一红横线），并用红笔填入体温单相应格内。

每班护士应于交班前在"病情变化"栏内签名，以示负责。

病人出院后应将临床护理记录单归入病案内。

出入液量记录：某些特殊病人须记录24小时摄入、排出液量，这对了解病情、协助诊断、决定治疗起重要作用。

每日摄入量：包括每日饭水量、食物中的含水量、输入液量、输血量等。为准确记录口服入液量，可用量杯或已测过容量的容器。

每日排出量：包括粪便量和尿量。对尿失禁的病人应设法保留尿液，以求尿量准确；自行排尿者，应记录每次尿量或将每次尿量集中在一个容器内，定时测量记录。其他排出液，如胃肠减压抽出液、呕吐物、涌出物、穿刺液（如脑、腹腔穿刺抽出液）、引流液（如胆汁引流）等，也应作为排出量加以测量和记录。床头应挂上登记出入量的标志，便于工作人员了解和及时记录。

四、病历档案信息管理阶段

（一）采集

采集是根据病历信息管理的目的和要求，在电子病历系统中将医疗、诊断、护理等过程中产生的关于病人的所有信息通过条形码技术、射频技术和 IC 卡技术等进行采集和录入的过程。

采集途径一般通过条形码、集成电路卡、就诊卡、社保卡、银医卡、健康卡、一卡通和身份证等各类病人信息采集卡都可以将病人的一般社会信息进行采集、存储。病历信息采集方法有静态与动态之分。静态的病历信息主要是指病人的一般社会信息，如姓名、身份证号、联系电话、家庭住址等主要在病案首页中出现。动态病历信息主要是指病人在医疗机构接受诊断治疗、检验检查、护理服务等过程中产生的各类医疗信息。具体包括：病程记录、术前小结、术前讨论记录、麻醉知情同意书、手术记录、出（入）院记录、输血治疗知情同意书、特殊检查知情同意书、特殊治疗知情同意书、会诊记录、患者知情同意书、沟通记录、病理报告、检验检查报告单、体温单、医嘱单、护理记录、各类监测单、特殊治疗记录单等。

（二）组织

组织亦称病历档案信息整序，是根据病历档案管理的要求，依据病历档案特征进行形式与内容的揭示和描述，并依据确定的次序排列、序化病历档案的过程。在病历档案实体管理和全程管理模式下，都存在病历档案组织过程，但是在病历档案信息管理模式下，更侧重于借助电子病历系统对病历档案信息进行整序，而非实体整理病历档案顺序、上架排序以及编制 ICD 码等。病历档案信息组织是利用病历档案的前期工作，是病历档案信息采集之后的首个任务，具体可以包括病历档案信息选择、分析、描述等。

病历档案信息选择是整个病历档案信息组织的第一步。在医疗业务中，产生于医疗活动中的病历原本处于一种无序状态，电子病历系统中根据病历档案的属性，并按照一定规则进行设计，可以使病历档案具备一定的约束性，使病历档案在时间、空间维度上呈现出规律性。

（三）存储

病历档案信息存储，即将经过选择、分析和描述等加工整理序化的病历档案信息按照一定的格式和顺序存储在特定的病历档案数据库服务器中的一种信息管理活动。通过病历档案信息存储，实现病历档案信息的管理者和用户能够高效地识别、检索和利用。病历档案信息存储并不是个孤立的环节，它贯穿于病历档案信息管理工作的全部过程。在病历档案信息管理模式下，利用电子病历系统存储病历档案信息主要是指利用现代数据库技术，对病历档案信息进行集中统一的管理。

（四）传递

传统纸质病历档案管理模式下，病历档案信息交流主要体现为病历档案传递。病历档案实体管理模式下，病历档案传递主要依靠人力为主，辅助物流专用电梯、轨道式物流系统以及物流管道等传输工作，将病历档案送达到医疗机构各个部门，为其提供利用服务。纸质病历档案的电子化、数字化而成的扫描件则主要是通过搭建医疗机构内部计算机局域网络，在医疗机构中实现数据共享和利用。随着电子病历系统的产生，实现了电子病历档案信息共享，医疗机构信息系统与电子病历系统之间或在不同的工作网络之间要能够进行传输，真正做到了让数据多跑路。

（五）利用

利用是指将病历档案信息融入医疗机构医疗质量管理、日常运营管理活动之中，为医务人员、医疗机构管理者和社会需求者提供预测、决策依据的工作过程，是实现病历档案信息价值的归宿。通过电子病历系统，将病历档案信息和其他诊断治疗、检验检查和护理服务等医疗业务相关要素结合，一方面能够反映诊断治疗、检验检查和护理服务等医疗机构的医疗质量；另一方面通过病历档案信息可以帮助医疗机构管理者制定科学的发展战略，提升医疗机构经营管理水准和管理工作效率；同时利用病历档案信息也可以为医疗机构节约资源消耗同时亦节省人力、物力、财力和时间成本。病历档案信息利用包括病历档案信息检索与服务两方面的内容。

五、病历档案信息管理模式

(一) 病历档案信息管理模式的定义

病历档案信息管理模式是病历档案信息管理阶段各项管理内容的规范化描述。病历档案信息管理模式主要是指运用现代信息技术建立电子病历系统，构建中心数据库，采集、组织、存储、传递和利用电子病历档案信息等环节构成的一种病历档案管理模式。

(二) 病历档案信息管理模式的特点

1. 病历档案信息管理模式丰富了病历档案管理内涵

病历档案信息管理从病历档案的本质属性出发，突破对实体病历档案的认识，将病历档案看作是实体与信息的统一体，而且着重强调病历档案信息的采集、组织、存储、传递、利用等过程。按照管理的对象分为狭义的病历档案信息管理与广义的病历档案信息管理。狭义的病历档案信息管理是指在病历档案实体管理的基础之上，对病历档案信息内容进行深加工，从病历档案中采集出有价值的信息，经过存储、传递，向特定的信息用户提供服务的过程。广义的病历档案管理不仅对病历档案信息进行管理，而且还对涉及病历档案信息及其管理活动的主要要素进行管理。病历档案信息管理注重从实体管理、全程管理，到以注重病历档案信息的管理模式。将病历档案信息作为病历档案管理的重要内容，丰富了病历档案管理的内涵。

2. 病历档案信息管理模式是病历档案信息化的直接结果

病历档案作为医疗机构中各项医疗业务的基础，医疗机构的管理者开始对病历档案的作用越来越重视，开始加强病历档案管理工作的信息化。病历档案信息化结果是实现了病历档案载体与病历档案信息内容可分离，突破了病历档案利用的物理距离与空间局限性，使病历档案实体概念得以弱化，可以对病历档案信息内容直接进行管理。

3. 数据库是电子病历档案信息的主要存储形式

数据库是按照事先确定的数据结构、数据字典、数据流等要求增加、删除和修改等管理数据的仓库。数据管理不仅可以管理，还可以转变成用户管理数据的方式。数据库技术已经成为医疗机构进行科学研究和决策管理的重要技术手段。研究表明，基于关系数据库开发的电子病历系统在我国医疗机构中占主流地位。

4. 电子病历系统开发是系统工程

电子病历系统开发需要具备必要的基础条件。开发电子病历系统会涉及医疗机构的各个部门，是一个复杂的系统工程，为了顺利建设电子病历系统，需要在筹建电子病历系统之前，一是要得到医疗机构高层领导的重视，尤其是"一把手"的重视，因为电子病历系统是"一把手"工程。二是要有明确的电子病历系统建设的实际需求。这种需求既来源于临床一线医疗活动，又来源于医疗机构外部对于电子病历系统的需求。临床医务人员需要获取病人的全面健康信息，刺激了电子病历系统需要集成电子健康档案信息；医学教育研究者对教学科研数据的收集与应用需求，使电子病历系统的内容不仅是为临床服务，还要为教学科研提供科研电子病历；医务部门为了实现对电子病历的全程质量控制，需要利用电子病历系统的质控管理功能。

电子病历系统是医学专用软件，单纯依靠软件开发公司，或者医疗机构自身的实力，或者是利用现成的软件开发电子病历系统都不是理想的开发方式。电子病历系统的开发方式并没有一个简单的标准对其进行评价。综合医疗机构由于涉及的医疗业务复杂，利用委托开发或者合作开发的方式可以将软件开发公司的技术实力与医疗机构的力量进行结合，便于成功开发电子病历系统。

5. 电子病历系统具有生命周期

开发电子病历系统生命周期一般包括规划、分析、设计、测试、实施、运维等阶段。电子病历系统规划阶段主要有三项任务：确定电子病历系统的边界、明确电子病历系统项目需求、制订电子病历系统建设计划。确定电子病历系统的边界主要是指在医疗机构发展战略的框架下，成立由"一把手"负责的电子病历系统建设管理组织，并将电子病历系统建设战略与医疗机构发展战略相衔接。在医疗机构中，一种典型的做法是采用战略集转移法，这种方法能够将医疗机构的战略重点与电子病历系统的战略目标有效对接。通过这种对接，可以确保电子病历系统的建设和发展与医疗机构的整体战略保持一致，从而为电子病历系统的建设提供坚实的决策支持和保障。明确电子病历系统项目需求，即在识别和选择开发电子病历系统战略的前提下，定义电子病历系统建设项目的范围，并且编制电子病历系统建设项目范围说明书。制订电子病历系统项目建设计划，可利用关键日期表、关键线路法、甘特图和计划评审技术等方法制订一个详细的电子病历系统项目建设计划，明确电子病历系统建设的时间、工作安排，以便医疗机构配置资源与绩效考核。

6. 病历系统自身需要管理

开发电子病历系统是一项系统工程，对其管理对于电子病历系统的开发成功与否至关重要，具体包括对电子病历系统开发生命周期进行计划、控制、维护和评价等环节。医疗机构在定义电子病历系统需求时，一方面由于本身专业知识技能所限，造成其提交的开发需求目标不明确，任务边界模糊，使得电子病历系统开发团队较难理解；另一方面由于医疗机构在电子病历系统开发过程中新需求不断被激发，新增很多需求，导致电子病历系统程序、界面以及相关文档经常需要更改，造成电子病历系统开发进度、所需费用也随之变化；由于临时激发的需求对原有程序造成了应激性的更改，给未来电子病历系统的正常运行带来了潜在的危险，这些危险可能会在电子病历系统正式上线运行之后才爆发出来。电子病历系统开发是一项复杂的系统工程，必须采用项目管理的思想、方法对其进行全局性的思考，通过合理的计划安排对电子病历系统开发进行最优化的控制。

第四节　医院人事档案管理

一、人事档案和人事档案工作

（一）人事档案

1. 人事档案的定义及其基本含义

人事档案是国家机构、社会组织在人事管理活动中形成的，记述和反映个人经历、德才能绩、工作表现的，以个人为单位集中保存起来以备查考的文字、表格及其他各种形式的历史记录。

人事档案是历史地、全面地考察了解和正确选拔使用职工的重要依据，是国家档案的重要组成部分。我国的干部（公务员）、职员、工人、学生（从中学开始）、军人都建立了人事档案，其主体是干部档案和工人档案。

人事档案主要来源于一定单位的人事管理活动。"所谓人事，并不是指人和事，而是指用人以治事，主要是指人的方面，以及同人有关的事的方面"。人事档案就是国家在用人治事，以及处理与人有关的事情所形成的文件材料。如为了解员工的基本情况，布置填写履历表、登记表、自传；对员工进行鉴定、考核和民主评议，形成鉴定书和考核材料；在用人过程中，形成录用、定级、调资、任免、升迁、奖惩等方面的各种文字、表格材料。

人事档案是反映个人经历、思想品德、业务实绩、个性特点、专长爱好等情况的原始记录，真实反映一个人的客观面貌。人事档案中的自传、履历表、登记表，是个人经历、思想演变、家庭与社会关系的反映；历年的鉴定，记载着个人不同时期的表现和组织的评价；入党、入团、提职、晋级等材料，是个人在党和组织的教育培养下成长的佐证；政治与工作情况的考核、考察、奖惩与科研成果的登记等方面的材料，是个人政治表现、工作能力、成绩贡献、技术专长的展现。

人事档案是处理完毕的具有使用价值和保存价值的文件材料。人事管理活动中形成的文件材料，凡是决定归入人事档案的，必须是完成了审批程序，内容真实、完整齐全、手续完备、有查考价值的材料，以保持人事档案的优化状态。

人事档案是以个人姓名为特征组成的专卷或专册。它的内容和成分只能是同一个人的有关材料，才方便查找利用。假如一个人的材料被分散，就无法正确反映该人的全貌，影响对其全面评价。

2. 人事档案的特点

（1）现实性

人事档案是由组织、人事、劳动部门以现职人员和离退休人员为单位建立的，由专门反映员工个人情况的文件材料所组成。它涉及的当事人，绝大多数还在不同岗位上工作、生产或学习。组织、人事、劳动部门为了考察和正确使用员工，要经常查阅人事档案，了解其经历、德才和工作业绩，以便安置在最适合的岗位上，充分发挥其聪明才智。现实生活中，用人就要先看档案，已成为必要的工作程序。作为依据性的人事档案，有时会对一个人是否使用及如何使用起着决定性的作用。

（2）真实性

人事档案的真实性，与一般意义上所说的档案的真实性还有一定区别。档案的真实性有两方面的含义：一方面，档案从总体上说，是由社会实践活动中形成的文件材料转化来的，是历史的沉淀物，客观地记录了以往的历史情况，无论是内容还是形式都表现出原始性，是令人信服的证据；另一方面，从具体的每份档案材料来说，由于人们认识水平的局限性等原因，有一部分档案所记载的内容并不真实。但档案毕竟是历史上形成的，即使是内容不真实，但仍表达了形成者的意图，留下了当事人的行为痕迹，反映了当时的情况，仍不失其为历史记录而被保存下来。所以，档案的真实性是相对的。人事档案的真实性，有着特定的含义。从个体来说，每一份档案材料从来源、内容、形式等方面都必须完全可靠和真实。凡是来源不明、内容不实、是非不清的文件材料都不能转化为人事档案，即便已经归档也要剔除。

（3）动态性

历史在发展，社会向前进，每个员工的情况也在不断发生变化。人事档案从建立之日起就是动态的而不是静止的。一方面，由于人事档案涉及的当事人，每时每刻都在谱写自己的历史，各方面都在发生变化，因而决定了人事档案必须根据当事人情况的变化而不断增加新的内容，补充新材料，以适应人事管理的需要。比如学历的变化，能力的提高，职务和职称的晋升，工作的新成就，工作岗位的变化，以及奖励、处分都应及时记载并收集有关材料归档，直至逝世。这才意味着收集、补充材料工作的终止。另一方面，人事档案随着人员的流动而不断传递。人到哪里，档案就转到哪里，"档随人走""人档统一"，是管理人事档案的一条原则，也是人事档案发挥作用的必要条件之一。转递不及时，会出现人、档分家，发生"有档无人"或"有人无档"的现象，影响单位对工作人员的了解、培养和使用。人事档案也因对象的下落不明而成为"无头档案"的死材料。

（4）机密性

人事档案是组织上在考察和使用员工活动中形成的，记载了员工的自然情况，学习、工作、科研成就、考核与奖惩等。它既涉及有关工作的重大事项，又有公民的隐私。由于人事档案涉及国家机密和个人私生活的秘密，在较长时间内必须保密，应建立严格的管理、利用制度，确保国家机密的安全，切实维护个人隐私权不受侵犯。

3. 人事档案的一般作用

人事档案是考察、了解员工的重要手段。一个员工的工作与生产实践活动、思想言行、政治、业务水平，以及个人素质都被记载下来，跃然纸上。人事档案有助于组织根据每个人的特点，提出培训、录用、升迁等建议，达到"因材施教""量才录用"，调动人才群体的积极性。

人事档案是做好组织、人事工作不可缺少的依据。组织、人事工作的根本任务，是知人用人，应做到知人善任，选贤举能。知人是善任的基础，要想知人，就要全方位地了解人。既要了解其德，又要了解其才；既要了解其长，也要了解其短；既要了解其过去，更要了解其现在。

人事档案是澄清个人问题的凭证。人事档案是个人历史与现实的原始记录，它可以为落实人事政策，平反冤假错案，调整工资级别，改善生活待遇，确定或更改参加工作、入党、入团时间及解决个人历史上的遗留问题等，提供可靠的线索或凭证，是查考、了解和处理问题的依据。

人事档案为人才开发提供信息和数据。组织、人事部门通过使用人事档案，从中探索人才成长规律，提高人事管理科学化水平，开发人才资源，适应社会对人才的广泛需求。

人事档案是编写人物传记和专业史的宝贵史料。人事档案内容丰富、数量巨大，有较高的史料价值。它是研究党和国家人事工作，研究党史、军史、地方史、思想史、专业史，撰写名人传记的珍贵资料。人事档案是组织、人事部门形成的，其中许多材料是当事人的自述，情节具体，事情真实，时间准确，内容翔实，是印证历史的可靠材料。

（二）人事档案工作

1. 人事档案工作的基本任务和人事档案管理部门的职责

人事档案工作是用科学的原则和方法管理人事档案，为组织、人事及其他工作提供人事档案信息服务的一项工作。人事档案工作是组织、人事工作的重要组成部分，也是国家档案工作的组成部分。它是为贯彻执行人事工作路线、方针和政策，选贤举能，知人善任，为社会主义现代化建设服务的。

人事档案工作的基本任务是：根据改革开放形势下组织、人事工作的需要，加强人事档案材料的收集归档工作，完善管理体制，搞好队伍建设，做好基础工作，进一步改善保管条件，努力提高科学管理水平，有效地为组织、人事工作服务，为社会主义现代化建设服务。

2. 人事档案工作的管理体制

人事档案工作实行集中统一和分级负责的管理体制。人事档案是人事管理活动的历史记录，是开展人事工作的必要条件，管理人事档案是人事工作自身的需要，是组织、人事、劳动部门的职责，人事档案应由各级组织、人事、劳动部门集中统一管理。我国现行的人事档案的管理体制是：工人档案由所在单位的劳动（劳资）部门管理，学生档案由所在学校的教务或学生工作部门管理，军人档案由各级政治（干部）部门管理，干部档案则按干部管理权限集中统一管理。各级组织、人事部门有明确的管理权限，分管哪一级干部，就管哪一级干部的人事档案，做到"人档统一"。这一原则，在地（市）以上是完全适用的，但在县以下的单位（包括县委、县府直属单位），管的干部少，大多只有几十人，有的甚至只有几个人。单位小，档案少，无专人管理，不具备保管条件，严重影响了干部档案的安全保密和业务建设。

（三）人事档案管理系统应具备的功能

人事档案信息化建设是一项复杂的系统工程，它的管理系统需要采用现代化的数据采集、加工、存储和利用技术，利用先进的网络、通信、计算机等硬件设备以及统一的标准、规范。

人事档案管理系统主要以人员自然情况、工作情况、个人简历、政治情况、工作业绩、特长爱好等信息为主，内容较为庞杂，通过人事档案管理系统，能够实现收集整理、数据存储、检索浏览、借阅管理、权限控制、统计报表、鉴定销毁、数据输入（输出）及格式转换的控制与管理，满足人事档案管理、业务流程管理和信息资源开发利用的需要。其目的是为单位的人事工作提供便捷快速的服务。因此，系统的设计与开发应根据单位人事管理工作的实际需要，既要便于人事管理工作的开展，又要利于人事档案的查询利用，同时还要保证系统的安全性和可靠性。一个完整的人事档案信息管理系统应该由以下三部分组成：一是经过数据采集、交流、整合后所形成的人事档案信息数据库；二是用于系统内不同数据库之间人事档案信息进行交换的专用网络环境；三是供人事档案信息交流、共享所需要的信息交换平台。据此，人事档案管理系统一般应具备以下功能：

1. 用户管理功能

该模块通过设置使用人事档案管理系统的用户及其使用权限，使分布在不同部门的用户拥有不同的使用权限，完成其权限所对应的功能，从而实现对整个系统的管理。用户权限管理应包括系统各部分的操作权限管理和数据操作的权限管理。系统能对所有上机人员自动判断分类、拒绝、警示非法操作记录。用户根据所分配的权限登录进入人事档案管理系统后，才能执行一定的操作，并生成日志记录，包括上机人姓名、访问时间（年月日时分）、所用微机编号、查询内容、利用方式（阅读、修改、拷贝、打印），并提供详情查询功能。日志文件保存时间一般不少于 2 个月，须长期保存的日志文件可自动保存备份。

2. 档案管理与维护功能

此模块主要是针对系统管理员的权限。不同级别的管理员根据自己权限可对数据库或数据字段进行新表的添加、修改、删除等。如增加员工档案信息、修改员工信息、删除员工信息、工作调动信息的调整、员工信息的整理维护等。系统应支持集中式管理和分布式数据存储方式，以满足人事档案多级化管理要求和对下属单位人事档案监督管理的力度。

3. 人事档案检索功能

检索系统的功能包括：允许用户查看元数据，确保所有的访问权限在所有的检索中被执行，允许在一次查询中进行基于元数据、文件内容和文件主题类别的组合检索，满足用户对查全率、查准率的要求；提供尽可能多的检索途径和选择范围，以满足各种检索需求，达到快速、准确、全方位地利用信息的目的；能对查询结果进行显示、排序、打印或选择输出等技术处理。人事档案的检索功能是通过建立人事档案信息网络利用平台实现的，网络平台的功能包括用户管理、存取控制、用户界面管理、检索功能设置、信息公布等，通过网络平台实现档案的多渠道查询，可按姓名进行查询，还可采用布尔逻辑组合的多条件查询，可实现全文智能化检索，也可提供订制服务或个性化服务。

4. 人事档案统计打印功能

系统能够以统计图和数字表格的形式对常用数据按一定方式做科学统计。利用按钮菜单能较好地完成数据的录入、查询、修改、数据排序、统计打印等功能。对案卷封面、案卷脊背、查询结果、统计结果进行报表输出打印。完成各类常用统计报表的编制和临时性的随机统计操作，根据需要设定表格、图表、图像、文字等输出打印形式。

5. 系统信息维护功能

系统能够自动完成对人事档案数据的更新、可扩充、可移植性等操作，完成用户权限分级的设置、修改和删除等。如摘除不需要的功能，删除不必要的字段，或增加新的功能，添加新的字段，这是对系统灵活性和适应性的基本要求。系统应同时具有数据传输的加密措施、防火墙、数据备份等安全维护功能。

6. 辅助实体管理功能

辅助实体管理功能应具备对人事档案的收集、归档、缺少材料的登记、人事档案的整理编目、传递、库房管理、利用服务等基本功能。对收集归档材料的题名、时间、责任者、数量、种类、载体等以及缺少材料进行登记。系统能对人事档案材料进行分类、排序，自动生成材料序号，并能由用户自动修改和重排序号、打印与输出各种目录。系统能对人事档案进行内部转递、转出、接收和制作档案传递通知单等业务。系统能够实现自动控制库房温度湿度、自动调取案卷、自动组卷、自动倒架排列等，档案实体的借阅申请和审批应采用工作流引擎技术，支持借阅流程的自定义。包括借阅调单管理、利用者信息、利用借阅、利用归还、预约信息、预约提示、催还提示、审批结果提示、利用查询和利用统计功能。系统预留与组织部门、人事部门信息管理系统的接口，可实现系统之间的有效对接。

二、医院人事档案管理工作的重要意义

医院人事档案工作包括整理、保存医院在职、退休人员的档案、人员工资以及退休和养老保险等内容。尤其在新形势下，人事档案管理在医院选择人才、聘用人才时提供了有力的依据，对制定合理薪酬制度等方面发挥着重要作用。医院

只有认识到人事档案管理工作的重要性，才能进一步科学、有效地开展档案管理工作，为医院现代化建设和发展提供有力的支持。

（一）人事档案为医院提供完善的人才信息，是有力的用人依据

医院为了保证医疗服务质量，会建立由不同年龄、不同学历的专业人才以及辅助工作人员组成的医疗队伍，这样的医疗队伍服务对象范围更加广泛。因此，人事档案管理部门要深入了解医疗队伍中的组员，包括人员的年龄、学历、专业知识构成、人员素质、工作经验和业务能力等详细的信息。通过这些信息的支持，医院才能做到知人善用。

（二）人事档案是医院制定人员薪酬的重要依据

医院在人员薪酬制定中主要经过前期讨论、中期调整和最终讨论才能实施。人员薪酬并不是固定不变的，医院每年会根据实际情况做出调整，这也是医院薪酬制度不断完善的过程。人员薪酬制定的依据主要是由人事管理部门通过相关人员人事档案中记录的工作能力、经验、学历和职务等翔实的资料组成，可以说，人事档案是医院制定人员薪酬的重要依据。

（三）人事档案是医院选择、培养人才的重要依据

医院在人才的选择、培养以及引入的过程中，主要通过人事档案中具体的信息为基础参考资料。医院人事档案宏观上分析人才层次结构，微观上对个人全面综合素质的分析，有助于医院在培养、引进关键人才时做出正确的选择。

三、新形势下做好医院人事档案管理工作的策略

在新形势下，医院应结合时代发展的特点，运用信息技术，通过科学制定完善的管理制度，调整和改进医院人事档案管理工作，有效保证医院的整体管理成效。现代医院应当具备科学的人事档案管理理念，通过全方位地对信息技术的运用，改变以往传统人工管理的方式，提高人事档案管理人员的综合素质，不断创新，促进人事档案管理工作的改革，全面提高工作效率。

（一）医院要提高对人事档案管理工作的认识

我国医疗事业已取得了快速发展，医院之间的竞争也日益激烈，医院的竞争就是人才的竞争。人事档案能够充分反映每一位工作人员的全面信息，医院要充分利用好这些信息，做到人尽其才、知人善用。因此，医院要充分认识到人事档案对挑选、聘用人才的重要性，重视人事档案管理工作，树立现代化医院的人事档案管理工作理念，除了在资金、人员上大力支持外，还应从软硬件等方面推进人事档案管理工作的开展，将医院人事档案管理与医院整体建设步伐相统一，在内部大力宣传人事档案管理工作的重要性。同时，还要强化人事档案管理工作人员档案管理的法律意识，严格执行档案法，使人事档案管理进一步科学化、规范化和制度化。

（二）医院要创新人事档案管理手段

在新形势下，现代医院要创新人事档案管理手段，在原有传统档案管理方式的基础上，应用现代信息技术，并积极吸收国内外先进管理经验，提高人事档案管理水平。

1. 组建专业团队，创新医院档案管理工作形式

人事档案所记录的人员信息关系到医院的人才选拔和聘用。医院要专门组建人事档案管理部门，选用受过档案管理、计算机技术等专业培训的人员组成专业团队，对人事档案开展科学管理、有效保管，确保人事档案信息的准确性和完整性，通过信息技术提升人事档案管理工作的质量和效率。

2. 制定科学、完善的管理制度

为了促进医院人事档案管理科学化、规范化和标准化开展，医院要制定科学、严密的人事档案管理制度，并在实施过程中不断完善。落实人事档案管理工作的具体步骤及相关规定，完善人事档案在收集、分类、保管和保密等方面的多项制度，明确员工的岗位职责，定期接受内部审查，促进医院人事档案制度化、标准化管理。

3. 充分运用信息技术，开展数字化管理

医院要紧跟时代潮流，运用信息技术升级人事档案管理方式。在将纸质档案

转化为电子档案的基础上，运用互联网技术搭建医院内部信息沟通平台，实现不同部门之间的资源共享。同时，人事档案管理部门应及时公布人事变更、人员聘用和薪酬调整等信息，充分利用网络技术提升现代化管理进度。

（三）医院要加强人事档案管理信息化建设

进入信息化时代，医院在发展建设中要充分认识到应用信息技术的重要性，通过信息技术对人事档案管理工作进行创新，提高医院档案管理的综合水平，满足医院在人才培养、引进方面的需求。为了适应新形势下人事档案管理工作的要求，医院要加大引入先进设备设施和技术的资金投入，让人事档案管理人员结合信息手段实现现代化人事档案的管理和利用。同时，还要建立人事档案管理信息系统，加强档案管理信息化安全建设，通过审批、权限设置等手段构建完善的信息安全防御体系，有效保护涉密信息的安全。

实现人事档案管理信息化，就是要在传统档案管理的基础上，通过对计算机、互联网的运用开展人事档案管理，达到信息储存、查询以及分析的目的，为医院人才选拔提供便捷、翔实的依据。

第一，为了满足新形势下的发展要求，医院要结合自身实际，建立完善的管理制度，确保所收集、整理的人事档案信息的真实性、有效性，并不断通过网络资源拓展收集信息渠道，不断扩充医院人才档案数据库。

第二，人事档案部门除了收集、整理各类专项人才的学历、履历和工作经验等信息外，还要加强汇总分析能力，对医院所需人才动态规划，充分挖掘其潜力，及时向医院推荐人才并提供相关依据。

第三，人事档案管理工作人员要通过所拓展的信息收集渠道，重点关注医院所需的学术骨干、学科项目带头人才的各类信息，为医院引进相关人才提供翔实的数据。人事档案管理要通过信息数据分析手段，对医院发展整体规划中所需的各项专业人才提前布局，有针对性地收集目标人才的信息，将所需人才信息随时提供给医院领导，以便更快地引入人才。

（四）建立科学、完善的人事档案管理制度

科学、完善的人事档案管理制度，是保证医院档案管理工作有序开展的关

键。结合新时期档案管理工作出现的新变化，应根据医院的具体情况适当调整现阶段的人事档案管理工作，制定科学、完善的管理制度，对人事档案管理工作有效规范和约束，统一管理医院内部所有人员的人事档案资料，统一标注方式，科学分类归档，方便使用者能够快捷检索到所需的人事档案资料。加强人事档案管理人员相关法律法规的培训，严格贯彻档案法相关规定。医院在制定人事档案管理制度时，也要倾听员工的合理建议，在建议基础上调整制度内容，提高人事档案管理制度的科学性，实现对人事档案的高效管理。

（五）提高人事档案管理人员的综合素质

人事档案管理工作人员的素质，对医院人事档案管理工作是否能够有序、顺利开展有着直接的影响。在新形势下，全新的档案管理理念不断出现，对医院人事档案管理工作人员的综合素质也提出了新的要求。一是要定期对内部档案管理人员开展相关培训，强化档案管理人员信息技术的学习，将档案人员培养纳入医院人才培养计划，全面提升档案管理人员的综合素质；二是医院要设置专门的管理岗位，对外招聘人事档案管理方面的高级专业人才，积极补充档案管理队伍的骨干力量。医院也要重视对人事档案管理人员法律法规的宣传教育，使其自觉遵纪守法，加强人事档案工作的规范化管理。

建立科学的人事档案管理体系，健全人事档案管理的规章制度，是人事档案管理的重要措施。随着科学技术的发展，人事档案管理手段不断更新，管理水平逐步提高，医院必须建立科学的档案管理体系，明确各项职能，使人事档案管理与医疗业务同步考核、共同发展。人事档案管理人员素质直接影响到档案管理水平，医院可以通过专业培训、继续教育和进修学习等提高其业务和知识水平，不断总结探索人事档案管理经验，进一步提高医院人事档案的管理水平。

第五章

医院档案管理工作

第一节 档案管理在医院中的关键作用

一、医院档案管理的重要性

医院档案是医院在日常工作中形成的公文、电报、传真、影像等各种载体档案，它是医院发展留下的珍贵财富。医院科学化决策和医院现代化建设离不开信息资源的科学有效管理，其为国家积累了许多门类齐全、结构合理的档案史料。为管理层和各项事业提供及时准确的信息是医院档案管理工作的目的，同时围绕临床、科研、教学、管理等方面的信息开展服务，建立系统的档案管理体系，强化档案管理的效率观、动态观和现代观，将档案管理工作密切结合医院整体发展，为职工、患者以及社会公众服务。

医院管理实现制度化、规范化、科学化发展的重要标志是实施了科学有效现代的档案管理。档案管理是提高医院基础管理水平的需要。档案管理工作的好坏，直接体现了医院基础管理水平的高低，与文明医院建设、医疗卫生事业发展息息相关。

二、医院档案管理的分类

医院档案是指医院在党务、行政、医疗、统计等日常管理工作中形成的文字、图表、数字、病历、声像、光盘、磁盘、微机存储等真实历史记录。档案根据途径和利用方式的不同大致可分成以下四种：

第一，人事档案。主要指职工档案，包括职工的奖罚、考勤管理、职称管理、绩效管理等方面。由于干部人事档案真实记录了一个人的履历、水平和品德等，是医院组织人事工作不可缺少的重要参考。

第二，业务档案。业务档案是医院档案管理的重点，主要指病历档案、药械耗材档案、科研档案、财务统计档案、设备档案、医疗废弃物档案等。病历档案是医院档案管理不可或缺的重要部分，专业性和技术性强，是展现医院管理、医疗技术水平的关键依据。病历档案是广大人民群众疾病防治和身体健康的原始记录，其信息利用率高、实用性强，它需要档案管理者和医务人员在规定时间内完成收集、整理、组卷、登记、分类、编目、编码、排号、储存以及档案的检索、利用等工作，全面系统分析医疗信息资料，及时准确提供给医院领导、医护人员和患者。科研档案主要指一线医护人员在医学的实践中通过不断总结，不断探索治疗手段的新思路和新办法，进而科研立项、实施以及科研成果推广的应用。

第三，行政管理档案。行政管理档案主要指上级主管部门或相关单位的行文及公函，以及本院在日常工作中形成的文件、规章制度、事项决策、通知、通告、医保政策、纠纷案卷、法律文书以及消防检查和社会化服务形成的材料等。

第四，党群档案。主要指上级和本院党组织、共青团工会等群众组织在日常党务工作、共青团工作、工会工作中形成的文件和影像材料。

三、医院档案管理的实际作用

档案管理在医院运行过程中主要发挥以下五方面作用。

一是医院管理的重要工具。医院任何决策及管理制度的出台，必须是建立在之前管理系统理论基础之上的，只有充分发挥档案的辅助作用，才能更有效地提高决策的科学化和管理水平。

二是医院运行的强力助推器。档案是医院日常运行的真实记录，具有凭证和参考作用。医院标准化建设和管理都是建立在项目档案整理和分析的基础上的，科学有序的档案整理为医院发展和决策提供有效依据，进而促进医院管理，不断提升医疗服务和管理水平。

三是医院文化传承的主要载体。档案真实记录和见证了医院的发展，是医院文化的重要组成部分。通过医院的档案，我们能够了解到医院的成长历程、院风、文化氛围等。医院院史中的照片、文字和实物真实反映了医院发展历程，同时深深凝聚和激发了医务人员的归属感和荣誉感。

四是法律保护的原始凭据。档案是当事人的业务活动的真实记录，能够保护医院、医务工作者、患者的合法权益不受非法侵害，对明确各方面的责任，减少不必要的纠纷提供法律依据。

五是岗前培训的生动素材。档案是医院不可或缺的教育资源，其真实性具有很强的说服力和感染力，真实的医学案例能够深入职工身心，防止错误再发生；翔实的事实资料为员工展现真实的医院实力等，大大提高培训的效果。

四、档案管理对医院文化建设的重要作用

（一）利用医院档案有助于增强医院文化软实力

医院档案在长期积累的过程中，积淀并传承着医院发展的理念与价值观，蕴藏着医院发展的灵魂和文化软实力。医院档案的内容十分丰富，是医院发展实践中最可靠的原始记录和权威凭证，从载体和内容两个方面最大限度地完成了记录历史、传承文化、传播文明和提升医院文化内涵与文化软实力的任务。从医院档案中挖掘出的医院文化软实力，是助推医院文化建设的核心，可为医院持续健康发展提供持久动力，从而形成饱含正能量的医院精神，不断提升医院的核心竞争力，最终使医院文化建设为医院发展创造出效益。从医院发展的档案积淀中挖掘出医院文化的精髓，又是提炼仁爱、包容、创新的医院精神的有效途径。通过医院文化建设形成的医院精神，可以用于谱写院歌、设计院徽、提炼院训，可以形成医院全体职工普遍认同的价值观和适应时代要求的服务理念，这正是医院档案体现医院文化建设的核心内容，是医院赖以生存和发展的精神支柱。

（二）利用医院档案有助于引领医院落实人文精神

人文精神是对人的个性、价值、地位、尊严的关注、爱护和尊重，其核心是对人的精神价值的重视与人性关怀，即以人为本的价值理念。医院文化建设的基础是坚持以人为本，即对职工施以人本管理、对患者施以人文关怀，而在医院档案中始终贯穿着以人为本的人文精神。一方面医院档案中保存着大量的准确信息、数据和人文资料，还有成功的管理经验、优秀人物的先进事迹。医院管理者

既要把职工当成医院最大资本、最好资源，又要紧密结合医院档案中的文化资源，用自己的知识、智慧和才艺，通过职工的知觉、动机、信念和期望等文化需求，影响职工的思想与行动，才能使职工愿景与医院目标相一致，从而产生医院文化的向心力、凝聚力和发展动力。另一方面，在医院档案中还贯穿着医学伦理与人文关怀思想，即医疗活动采取的合理与合乎道德的行为和决策，确保医疗目的和患者的权利，强调以患者为主体、满足患者需求、强化与患者合作，从而建立和完善渗透着医学人文精神的医疗文化与医疗制度，使仁爱、尊重、责任与公平的人文精神得到落实。

（三）利用医院档案有助于强化医德医风建设

医德医风建设是要坚持患者利益至上、社会效益优先、落实医疗公平的原则，使医务人员在医疗服务工作中最大限度地满足患者康复的需要。医德医风建设反映出医院文化的价值观、道德观、文化环境和医院精神，是立足于以患者为中心、更新服务观念、提高服务质量、助推医院持续发展的精神动力。通过医德医风建设，使医学人道主义精神、以患者为中心的人文关怀理念深入医务人员心中，内化为医疗服务的理念落实在为患者服务的实践中，这也是医院文化建设生命力所在。医院档案保存着医疗法规制度、医疗标准、技术规范、操作规程等资料，医学病案（历）保管着众多患者最原始、最完整和最权威的病程记录、治疗过程与医疗结果，是重要的医学科技文献与科研档案，具有真实性、可靠性和系统性的特点，不仅是保护患者合法权益的凭证，也是进行医务人员医德医风教育的最佳内容。通过对病案（历）分析，查找医疗和管理过程中的缺陷，教育医院各类人员吸取经验教训，从而为提高医疗服务水平和医院管理水平打下良好基础。医院档案中蕴含着丰富的文化资源，充分利用医院档案强化医德医风建设，是医院文化建设的体现。

五、医院档案在医院档案管理中的价值

在明确了医院档案在医院档案管理中的应用现状后，开展医院档案在医院档案管理中的价值探究，根据医院档案在医院档案管理中的特点，主要可以将其所存在的价值总结归纳为如下四点：

第一，实现医院财务档案和财务资料的有效整理。医院档案的有效建立，可以进一步实现相关档案的有效整理。医院的档案管理人员，通过完成医院档案的整理工作，可使医院的各类资料的日期和类别得到明确的标注，并且按照其内容的重要性进行进一步的分类存储。

第二，进一步明确医院档案管理的内容和范围。以医院档案中财务档案为例，其主要包括医院的总账、单项账、日记账以及医院的总体资产和其他不固定的财产。因此，医院档案的建立可以有效实现医院财务管理内容和范围的明确性提升。同时，医院的档案中还包括医院签署的各项合同，这些合同内容的明确，也可以为医院管理工作的良好开展提供巨大的推动力，并增强医院管理工作开展的流程性和秩序性。

第三，方便医院内部人员的资料查看。医院档案的有效建立，可使医院的高层人员在进行医院整体的管理工作中，能够有效地查看医院的医疗用品的采购合同、工程合同、技术合同，以及各项医疗票据，进而有效地掌控医院的各种状况。医院的管理人员以及相关的档案管理人员对医院信息及档案情况的认识更加明确，可以有效地保障医院管理水平与成效，与此同时，也提升了医院内部人员对资料查看查找的便捷性，从而凸显了档案在医院档案管理中的关键性价值。

第四，明确医院财务档案的管理期限。医院档案可以对医院的年度财务情况进行整体的统计，进而使得医院的财务报告可以按照其管理期限进行排列，有些财务报告重要性较高，其管理期限为永久性期限，而有些财务报告则可以按照其重要性划分为五年管理期限、十年管理期限、十五年管理期限等。医院会计档案在医院档案管理中的价值若得以充分发挥，医院财务管理档案期限则可以体现出更加理想的明确性。开展医院档案在医院档案管理中的价值探究，主要可以将其价值总结归纳为实现医院财务报告的内容的完整性和系统性的有效保障。

六、提升医院档案在医院档案管理中的地位

开展提升医院档案在医院档案管理中的地位探究，根据当下会计档案管理工作在医院档案管理工作中的影响力，具体可分为以下四点：

第一，实现会计档案管理人员技术专业性有效提升。医院在开展管理工作的过程中，应当加强对档案管理人员的考核和培训，为其提供学习与交流的机会，

并且根据考核结果建立相应的奖罚制度，以此激发其自主学习的积极性。档案管理人员技术专业性的有效保障和进一步提升，可使会计档案更加体现出其价值性，进而保障了医院档案在医院档案管理中的地位。

第二，建立专门的部门开展档案建设工作。为了实现医院档案内容完整性以及档案分类的系统性的有效保障，医院在开展管理工作的过程中，应当建立专门的部门开展档案的管理工作，并配备相应的人员，此外，有关人员要加强对档案的管理工作的重视程度，以此有效地确保医院的各项收入的明确性。

第三，着重开展医院的经济管理工作。医院经济管理工作的开展状况，无疑是决定医院发展前景的重要因素之一。在实践中着重开展医院的经济管理工作，将会计档案应用于工作的开展进程中，可以体现医院档案在医院档案管理中地位的不可撼动性。

第四，将先进的信息技术应用于医院管理工作。随着科学技术的不断发展，信息技术在各行各业的开展进程中的应用也逐步地呈现出了普及性特点。将先进的信息技术应用于医院管理工作的开展进程中，可以有效地提升医院档案管理工作开展的精确性和时效性，进而使得档案管理工作的开展为医院的整体发展提供更大的推动力。档案管理人员的技术的专业性的进一步增强，可以有效地提升档案的真正效用的发挥，同时专门的档案管理部门的建立以及先进的科学技术的应用，都可以使档案在医院的档案管理工作开展进程中发挥出更大的功效，实现自身地位的有效保障，引导医院获得更加广阔的发展空间和更加理想的发展前景。

第二节　医院档案的精细化管理

一、医院档案精细化管理概述

（一）精细化管理的概念

精细化管理起源于日本丰田公司的"精益思想"，前期主要应用于企业管理领域，后逐步扩展到政府和组织管理中。精细化管理强调全过程的精益求精，努力把每个环节做好、每个细节做优，提高整体效率。精细化管理通过标准化的流程、严格的管理要求、透明的信息交流、高效的沟通协调，以此全面提升工作效能。

（二）医院档案精细化管理主要内容

档案精细化管理内容，与传统档案管理工作没有明显区别，主要包括档案的收集、整理、归档、保管、统计、编研以及利用等，涵盖档案收、管、存、用的主要环节，但要求更加严格、规范和细致。同时，对档案管理制度、工作标准、成本控制以及新技术应用等方面也提出了精细化目标。在管理方式方法上，医院档案精细化管理，可以引入企业管理模式，如精益生产法、5S 现场管理法、目视化管理法、OEC 管理法以及全员设备精细维护管理法等，分别应用于档案收集管理、档案设备管理维护等环节。

（三）精细化管理在医院档案管理中的意义

首先，提高工作效率。医疗档案数量多、种类杂，日常工作量大，还容易出现错误。将精细化管理理念全面融入档案管理的收集、分类、归档、保管、开发和利用全过程中，通过全新管理模式与管理方法可以进一步规范工作程序，优化工作流程，减少工作梗阻，提高日常工作效率。其次，保障档案安全。医疗档案关乎生命健康，容不得半点马虎大意，将精细化管理应用到医院档案管理中，可以加强档案从生产到保管再到查阅利用全过程的安全管理，确保医院档案的真实性、准确性、完整性、专业性。最后，助力档案开发利用。医疗档案具有弥足珍贵的价值，依托精细化管理有助于进一步加强档案的归集分类、编研开发与综合利用，最大化释放档案资源价值，助力医院发展。

二、医院档案精细化管理应用框架设计

（一）顶层设计：系统化、标准化、精细化、信息化

系统化。医院档案管理工作涉及部门多，应用范围广，本身就是一项系统性工作。首先，将精细化管理应用到医院档案管理中要建立系统意识，把握全局与

局部、当下与长远的关系，既要保障眼下工作，也要兼顾未来发展。其次，要科学制订档案管理年度计划、中长期计划，优化整体系统与各子系统关系。通过建立档案工作领导小组、档案工作联席会议制度，明确各部门职责，加强档案管理部门与各业务科室沟通联系，提高整体工作效率。

标准化。标准化、规范化是精细化管理的核心内容，也是档案管理工作的关键。医院要依托相关国家标准和行业要求，通过机制建设，建立完善的档案业务工作标准体系、档案信息处理标准体系、电子文件管理与数字档案馆建设标准体系，实现档案管理的标准化、规范化。针对未归档的档案，严格按照编码、分类、扫描、装订和归档的流程，及时归档整理，实现业务办结，同步实现档案电子化管理。对已归档的档案按业务类型分类、排序、装盒和入柜，并同步完善档案管理台账，提高借阅效率。按照"十防"标准，建设标准化档案室，科学配备电子监控器、温度湿度控制仪、扫描仪、计算机、打印机、复印机、防磁柜以及喷淋灭火器等设备设施，确保档案的安全性、真实性。

精细化。严谨细致、精益求精是精细化管理的宗旨和目的，也是医院档案管理的重要方面。医院要从设施建设、制度机制、现场管理以及人员管理等多方面入手，提高精细化管理水平。细化管理员岗位职责、档案借阅利用、档案整理编目和档案室消防安全制度，推行档案专人专管、定期检查，对档案目录、份数、页数、装盒和编号全面细化检查，准确统计各类档案库存、接收、销毁以及利用等，全面提高档案精细化管理水平。此外，还要对照最新管理规定，定期组织医院档案人员进行业务培训，提升人员素质，夯实精细化管理基础。

信息化。推动医院档案信息化进程，不仅可以大幅提高效率，还有助于更好地实现精细化管理。医院要结合实际，加强相关软件、硬件设备设施投入，加快推进医院信息化建设，数字化扫描档案资料，科学分类、整理和保存，完善电子文件归档机制，优化电子档案管理流程，促进各类电子文件应归尽归，电子档案应收尽收。科学界定"双套制"保管范围，确保重要资料双重安全，逐步实现档案数据库增量电子化与存量数字化。还要进一步加强医院档案信息系统建设，对各类档案数字化管理，充分发挥档案信息资源在提高医院诊疗水平、医疗质量和深化医院改革中的重要作用，促进医院可持续高质量发展，为医院发展留下更多可查、可寻、可靠的历史记录。同时，还要积极运用"互联网+"思维，进一步创新档案服务模式与服务方法，更好地服务患者，围绕医院中心工作、围绕临床一线，发挥医院档案更大的价值。

（二）模式架构：岗位职责、运行管理、开发利用、安全保障

明确岗位职责。精细化管理理论实际上是一种将管理责任具体化、明确化的管理模式。因此，进一步明确岗位职责，确保责任到人、工作到人以及人岗匹配就显得尤为关键。医院档案包括患者病历、医疗设备档案、科研课题档案、会计资料、人力资源档案以及工程档案等，数量多、分类细、专业性强、保管要求高，其收集、保管、整理、使用以及开发利用等对管理人员也有着不同要求，医院要结合自身实际，科学设置档案岗位，坚持因需设岗、因岗选人，确保资源最优配置，最大化发挥人力资源价值。

科学运行管理。科学运行管理是指在档案精细化管理中，要合理安排工作职责，规范流程，确保档案管理标准化、规范化，避免多头管理、交叉扯皮、效率低下等问题。要进一步加强过程管理，坚持"谁形成、谁立卷、谁整理"的原则，从源头夯实档案工作精细化基础，确保各类档案资料收集完整、齐全、准确。坚持制度管人、标准化办事，将精细化管理观念贯穿档案收集、整理、分类、保管和使用的全过程，确保精益求精，每个环节都严谨细致，不出问题。同时，还要坚持问题导向，全面开展档案管理工作自查自纠，对于在管理中出现的问题，建立工作台账，闭环整改落实到人，确保整改到位。

抓好开发利用。开发利用是发挥档案价值的重要手段。医院要进一步加强档案目录的编排、档案内容的科学分类，有条件的医院可以依托互联网、大数据等，建立线上档案查询、预约等服务，整合档案信息资源，为医院科研和用户借阅提供更多便利。探索引入区块链、神经网络系统，打造医疗记录管理平台，实现患者病历、医疗记录的共建共享。要进一步提高档案部门协调服务能力，对于医院重大课题、重大项目，要安排档案人员配合，协助科研人员开展研究和试验，助力医院技术研发，提高医疗诊疗能力，并围绕医院历史文化禀赋、医德医风等，加强档案的编研开发利用，发挥资政育人、文化传播的作用，服务于医院高质量发展。

保障档案安全。保障档案安全是精细化管理的底线。第一，要加强档案库房

安全管理，加强防火、防盗管理，确保档案安全。电子档案室要配置恒定温度湿度储存环境，建立硬件监测和软件防火墙、杀毒系统，并加强日常巡查管理，确保消防、防盗预警系统、电水线路以及机电设备设施等正常运行。第二，加强数字签章、数字签名管理，确保电子档案准确完整、不被篡改，保管、使用安全。第三，加强档案接收、使用安全管理，严格档案审核标准，统一档案制式，统一核定编号，对档案的接收严格把关，认真逐卷审查，确保归档文件材料完整、准确、系统，杜绝虚假材料及填写不规范材料入档，保证归档材料的真实性、可靠性、规范性和完整性。第四，加强对档案整理数字化外包公司的监督管理，与企业签订保密协议书，保障档案安全。第五，加强值班值守，严格落实领导带班、干部值班、保安 24 小时值守制度，确保档案馆的安全。

三、医院档案精细化管理应用的推进措施

（一）加强组织领导，高位推进档案管理精细化工作

火车跑得快，全靠车头带。推动档案精细化管理工作，离不开领导的重视和支持。医院要进一步加强档案管理工作的组织领导，成立以院长为组长、主管领导为副组长、各科室负责人为成员的医院档案精细化管理领导小组，高位部署推进，确保档案工作时时处处有人管、有人抓，形成工作有要求、有布置、有检查的良好格局。要将档案精细化管理纳入医院整体战略规划中，科学确立短期目标并制订长期规划，有力有序推进，确保工作顺利开展。还要进一步加强档案工作精细化管理的宣传教育，引导广大干部职工充分认识档案工作的重要意义，增强全院人员的档案收集和保管意识，为档案工作开展奠定良好基础。

（二）加强制度建设，完善精细化管理顶层设计

没有规矩，不成方圆。制度是一个组织内成员共同遵守的行为规范，保证组织有效运转，促进既定目标的达成。医院要在国家相关法律法规、部门规章制度的基础上，结合行业标准、自身实际，进一步细化医院档案的各项管理制度，对档案收集到归档再到利用，都要制定明确具体的工作标准与流程规范，确保工作有章可循。严格按照要求执行有关保密工作规定，履行档案借阅程序，控制借阅

范围。还要定期召开专门协调会，研究标准化落实中存在的困难、问题，打通工作堵点，确保规章制度落实到位，并将档案管理标准化纳入医院标准化的大盘子中，一体化部署推进。同时，还应加强工作监督检查，进一步推进档案管理标准化工作。

（三）加强督导考核，确保档案精细化管理落到实处

推动档案精细化管理，需要持续用力、久久为功。因此，督导考核工作就显得尤为重要。医院要进一步加强督导考核工作，将档案管理情况纳入部门绩效考核之中，要求各部门按要求及时规范移交各类档案资料，并检查各部门上报的归档资料，不符合归档要求的立即退回整改，形成档案管理自觉化、科学化、标准化的长效机制。由档案管理部门牵头，对照标准规范，定期对各部门文书材料、报表记录、各类档案等展开专项检查，发现问题后下发整改通知，责令限期完成。还应加强对档案部门、医院档案室（馆）的专项考核与督导检查工作，细化、量化考核指标，提高针对性，充分发挥督导考核的指挥棒作用。

（四）加强队伍建设，夯实精细化管理工作基础

一方面，医院要通过大学生招聘、人才引进等方式，进一步充实档案人才队伍，夯实工作基础。同时，对于档案管理人员，要给予医务人员同等职务晋升待遇，引导广大青年干部积极投身医院档案工作，不断优化医院档案管理人才建设。另一方面，组织全体医务人员学习档案管理相关法律法规，增强全员档案意识，切实提高档案工作的自觉性，为做好档案管理工作打下坚实的思想基础。此外，还应加大对档案管理人员的专业知识培训力度，提高档案管理人员的综合素质，不断改进工作方法，确保档案管理标准化、规范化。

第三节　医院档案现代化管理的对策

一、新形势下档案管理现代化的意义

医院档案管理是对医院的档案资料进行收集、整理并汇总的过程。档案资料是医院宝贵的资源，它涉及医院对患者的临床服务、科研实践以及医院整体的运作。随着社会的发展，传统的管理模式已经无法适应高速发展的社会需要，亟待进行现代化改革，从而提高档案管理的水平，顺应社会的发展趋势。

二、医院档案现代化管理系统的基本构成

档案储存管理子系统。档案存储子系统的主要功能是对档案资料进行自动编码、分配和归档，实现档案存储工作的自动化，极大地减轻管理人员的录入工作强度，且存储的现代化还能够实现快速的错误纠正，有利于档案的动态管理。

档案查询管理子系统。查询管理是档案管理工作的重要方面，是档案利用的关键环节，其查询的速度和准确性是衡量查询质量的重要指标，该子系统的应用能够辅助管理人员实现档案存储信息的快速调阅，提高查阅效率。

档案安全管理子系统。档案安全管理子系统的主要作用就是保证档案的安全性，通过现代化的电子安全技术对档案进行保管。具体来说，就是对数据的存储、管理等进行安全监控，发现问题及时发出警报并采取针对性的锁定措施，从而实现对档案信息的安全防护。

三、新形势下促进医院档案现代化管理的相关措施

完善档案管理体制。总体来看，医院档案类别众多，内容繁杂，牵涉的人员和科室广泛，进行档案管理必须依托完善的管理机制，从提高管理水平的角度对涉及档案的信息采集、整理、存储和利用等多方面进行制度、流程的制定，构建合理的档案管理体制。在此过程中，档案管理人员要积极听取各方面的意见和建议，在档案管理中积极和相关人员进行沟通和交流，不断完善档案管理，保证档

案管理的流畅性和系统性。

不断提高档案管理人员的专业水平。人在档案管理的现代化中充当极为重要的角色，是各类措施的执行者和现代化设备、系统的操作者，其专业性直接决定现代化的实现程度。

加强对现代化设备的使用。档案管理现代化的发展前提是信息技术的革新和应用，因此，医院应该积极地引进各种新的档案管理技术，借助现代计算机的发展和信息的快速传播，建立相应的现代化档案管理体系。

给予档案现代化应有的资金支持。档案管理现代化的实现需要软硬兼备，不但要有先进的档案管理软件，还要有现代化的库房、机器设备等，这一切的实现都离不开资金的支持。所以，医院应该保证管理现代化所需的软硬件的购置、人员培训等方面的费用，给予现代化建设应有的资金支持，促进档案管理的发展。

做好档案的信息保护工作。将档案置于数据库中保存，一旦程序出错，将导致数据错误、丢失。而且各类网络漏洞、病毒等都会对档案存储造成极大的影响。所以，对档案进行信息化的安全防护是极为必要的，是档案管理的重要内容。具体来说，一方面，医院要致力于新的防火墙技术的开发，让档案信息的保存更安全、更可靠；另一方面，医院要提升信息的安全保护意识，加强对档案的保护措施的制定和落实。

四、新医改下医院档案管理的改进方法

医院是卫生事业的重要组成，通过医疗、预防及康复服务，使患者恢复健康，增强体质，保障社会劳动力的健康，同时注重经济效益，以增强医院实力，提高为病人服务的水平与效果。档案是医院管理工作中重要的资源，记录着医院各项工作，是医院运营、发展过程中必不可少的资料载体，对医院的行政管理工作、学术研究、科技交流以及法律纠纷等都发挥着至关重要的作用。

（一）建立完善的医院档案管理制度

完善可行的管理机制是医院档案管理工作顺利展开的重要保证，也是医院正常运转的基本前提，档案管理人员必须树立管理出效益的意识，制定合理可行的档案管理制度机制，包括约束机制和奖罚机制，不仅可以有效约束档案管理人员

的管理行为方式，还能有效地通过奖罚机制提高管理人员工作的积极性。其次，医院应该结合自己的实际情况，优化内部结构。制定工作人员管理条则，为医院档案管理的良好发展奠定基础。最后，医院要改变传统的档案管理工作认识和方式，加大对档案管理工作财力、物力、人力投入，提高档案管理的效率。

（二）提升档案管理人员的专业素质

首先，医院要加强管理人员的管理技能实践训练，针对具体岗位发展的需求，经常性地开展各种岗位操作训练，让档案管理人员真实体验岗位工作实践的全部过程。其次，医院要提高档案管理人员发现问题、分析问题和解决问题的能力。加强档案管理人员之间的互动和沟通，培养他们的合作、沟通意识，这些都是作为高素质人才必备的基本素质。最后，医院应该加强实训岗位的建设，并建立合理的考核体系，检验档案管理人员素质培养的成果，将理论、实践测试等多种能力测试相结合，注重人才素质的全面考核，将其培养成应用型创新人才，为医院档案管理工作的开展创新提供动力。

（三）加强医院档案管理的信息化建设

在信息时代背景下，医院档案管理需要建立网络化、多元化的组织机构，在基于人性化管理的基础上提高自身管理的效率，实现管理者和管理事务之间的权利、义务的平衡。其次，构建适合医院内部管理发展需求的档案信息资源网络服务平台，为档案管理工作提供更便捷、更人性化的条件。档案资源信息的存储、处理、通信和交互于一体。最后，现在已经进入"互联网+"网络时代，智能手机已经逐渐成为人们信息获取的主导，医院的档案管理工作中，可以建立微信公众平台、微博公众号等为单位内部建设提供全方位数字化的档案服务，也可以适当地开放给社会民众，提高医院的档案管理水平，为医院更好地发展奠定基础。

五、新形势下医院档案管理工作的新思路

（一）拓展档案服务领域

档案管理的终极目的是利用，使其发挥潜在的社会效益和经济效益。因此，

医院档案管理工作者应通过编制多种检索工具、开展编研工作、提供主动服务、加强各级医院信息的横向联系，提高档案信息利用率。同时，还可以经常举办医学档案信息相关讲座，结合医院在不同时期对档案信息的不同需求，积极拓宽科研选题新思路，主动为医院临床、科研或教学工作提供服务。

（二）加强业务培训，提升管理意识

医院档案管理情况的好坏与相关人员的素质能力具有十分紧密的联系，医院档案管理者要对档案管理者进行集中培训，规范他们的行为和工作，定期教给他们现代化技术的应用模式，保证他们具备较高的专业素养。在此基础上，医院还要树立档案人才培养的新模式，将档案人员培养纳入医院人才培养计划之中，定期对他们进行考核，调动他们的工作热情，提高他们对档案管理工作的重视度。

（三）引进现代化管理

利用智能化、技术化新设备是医院档案管理的发展新趋势，医院要加大资金投入数额，发挥计算机、网络的优势作用，解决以往纸质档案保管的难题，开设电子文档，提高查找资料的速度和效率。另外，在档案管理中还要实施人事档案和病历档案的信息化管理，将两者分开进行，各部门都要单独建立数据库，以防止资料混杂的问题，并做好网络安全防范，预防黑客入侵。

六、档案管理模式改革在医院档案管理中的应用

作为国家档案的重要组成部分，医院档案存储了大量的医疗科技成果，同时也记录了医院发生的重大事件，为医学科研工作的开展提供了重要数据支持。近年来，我国医疗事业取得了显著发展，大大增加了医院档案的数目，对档案管理工作也提出了更高的要求。实际上，我国的医院档案管理工作仍然存在不少问题，对档案管理工作及医院自身的发展造成了严重阻碍。

（一）对医院档案管理工作予以高度重视

为促进医院档案管理模式改革，提高管理质量，首要改革的一项内容便是加强医院各级工作人员对档案管理工作的重视，将档案管理的重要性详细告知管理

人员。例如设备档案可向医院提供更为准确的信息，帮助医院领导做出合理决策，在将医疗设备的效能充分发挥出来的基础上，有效避免设备的重复购置以及闲置等问题的出现，而且医疗设备的正常运行也离不开档案的支持，这是因为在维修、保养医疗设备时，需要查阅操作手册以及线路图等信息；而会计档案是医院各项经济业务情况的重要记录资料，只有做好会计档案管理工作，才能为医院财政记录的检查提供科学、可靠的凭证。

（二）加快健全档案管理体制

为充分做好医院档案管理工作，促进管理模式改革，医院管理人员还应加快健全档案管理体制。在开展此项工作前，首先要对档案管理人员的工作职责进行明确，并安排专人来收集、保管好各类档案；其次要全面推行并落实责任追究制。医院为防止出现档案改动及丢失等情况，需要加快档案工作管理制度的建立，全面落实责任追究制，做好材料接收及转入档案查阅等登记工作。

（三）大力开展医疗设备档案信息化与数字化管理

当前，针对医院档案信息数量日益升高的趋势，亟待人们建立起以电子档案为主的信息化管理体系。医院要充分满足电子建档的相关要求，首先需要及时更新以往的档案管理理念与模式，使工作人员对信息化档案管理的高效性有一个充分了解，在将高效信息化管理流程进行整合的基础上，充分降低档案管理人员的工作压力，实现管理效率的提升。同时还需要做好档案资料的收集及档案信息指标的确立等方面的工作。此外，还应加快配套软件系统的建立，维护并备份档案信息数据。通过科学制定医院档案信息核心指标，严格开展档案的归集及管理，从而实现档案使用价值的提高。

（四）加大医院档案服务模式的更新力度

当前，医院档案管理的信息化需求呈现出不断上升的趋势，医院此时需要拓展档案管理服务工作，对档案的服务方式进行调整，例如在开展医院文化建设方面，可以利用照片档案为院史编撰提供详尽的第一手资料，在医院宣传方面提供全方位的信息，有效发挥照片档案的教育和引导功能，在促进工作效率提高的基础上，促进医院文化与经济的和谐发展。此外，医院还须对自己的资源进行充分利用，努力拓展医院服务，积极到科室开展调研了解工作，改变服务模式，加大上门服务的开展力度，创新档案服务方式，积极提高档案利用价值。医院档案部门应根据社会档案的需要进行改革，做到与时俱进促进服务方式的创新，主动为医院各部门开展更好的服务，充分利用已经掌握的档案资源，广泛地、多层次地为医院职能科室及临床科室服务，以提高档案管理工作效率，促进医院的可持续发展。

（五）加强档案管理队伍建设

为将医院档案管理人员的工作积极性充分发挥出来，促进其综合素质的提高，医院应对员工的生活与工作予以充分关心，加大对其培养力度。首先，组织部门每隔两年左右举办一次业务知识培训，使其对现代化档案管理工作的重要性产生深刻认识，并对档案材料的整理、鉴别及归档等技术有一个全面的掌握。其次，做好专职与兼职档案管理人员的配置工作，将其工资待遇落到实处。为统一规范干部档案管理的外在形式，确保档案内容的真实性、完整性及实用性，应建立起一支熟悉各项医院档案业务且责任心强的管理队伍，通过实行奖罚制度，充分激发出其工作热情。

第四节　医院档案管理人员职业发展路径

随着我国电子档案数量的大幅增长，对档案管理人员掌握并熟练运用计算机技术的要求也日益提高，这无疑增加了他们的工作压力。同时，由于医院档案管理工作通常被视为辅助性岗位，并未得到足够的重视，档案管理人员常面临着工作量大、内容重复的困境，不仅增加了他们的工作压力，还容易产生职业倦怠感。长此以往，档案管理人员的职业认同感普遍降低，将严重影响其工作积极性和效率，进而使得档案管理人员的职业发展相比其他岗位显得不具竞争优势。

医院档案管理人员的晋升通道相对单一，但仍有明确的发展路径。他们可以通过职位晋升，从初级档案管理员逐步成长为高级档案管理员，甚至有机会晋升为档案管理部门的主管或负责人，全面引领和管理档案工作。此外，职称的提升也是其职业发展的重要方面，从助理馆员到研究馆员的晋升通道为他们提供了专业成长的机会。然而，尽管横向发展，如调动到医院行政或信息管理部门以及参与电子病历系统升级、医疗信息化建设等项目管理，可以为档案管理人员提供新的职业发展机会，但在医院内部，这样的机会并不多见。因此，面对有限的晋升机会，档案管理人员应致力于提升自身的专业素养和技术能力，并积极探索与其他部门的合作，以期不断拓宽自身的职业发展道路。

一、医院档案管理人员职业发展面临的问题

（一）医院档案管理人员学习新专业技能的需求

近十年的数字化进程，使得传统的医院正在向智慧型医院转型，医院也积极推动档案管理的数字化进程。利用先进的技术手段将传统的纸质档案转化为电子档案，实现了档案的系统化组织和高效利用。这一转变不仅提升了档案管理的便捷性，还预示着档案管理智能化的重要性。通过引入人工智能技术，智慧型医院已经能够实现档案的自动分类、智能检索以及全方位保护，不仅大幅提高了档案管理的效率，还显著增强了档案的安全性。档案管理工作也更加注重人性化服务，以便为用户提供便捷的检索方式、灵活的使用体验和贴心的服务，满足用户多样化的需求，提高医院的服务质量。档案管理人员的专业化素养成为提高管理水平和服务质量的关键，不仅有助于规范档案管理，还为数字档案馆的建设提供了有力的支撑。在信息化时代背景下，档案管理的智能化已成为必然趋势，为适应信息技术的快速发展，医院档案管理人员必须不断提高档案管理专业水平，依托时代背景引领档案管理迈向新的发展阶段。

（二）晋升通道有限

医院档案管理人员晋升机会有限，实际上涉及了多个层面的问题。从岗位性质来看，档案管理通常被视为医院的辅助性岗位，与直接的医疗活动相比，其重要性在一定程度上被低估，导致在晋升和职业发展方面，档案管理人员面临更多的限制。由于档案管理工作的特殊性，工作内容相对单一，技能需求也较为固

定，使得档案管理人员的职业发展路径相对狭窄。在很多医院中，档案管理人员的晋升通道并不明确，存在"隐形职业天花板"现象，即到达一定职位后便很难再有晋升机会。随着医疗技术的快速发展，医院对医疗专业人才的需求越来越大，而档案管理等辅助性岗位的需求相对被忽视。这种资源配置的不平衡也进一步限制了档案管理人员的晋升机会。

二、医院档案管理人员职业发展的建议

（一）加强专业技能培训，提高技能和知识水平

医院应当认识到，针对档案从业人员持续的专业发展和技能提升是至关重要的。每年都应有档案管理相关的培训指导课程，课程应涵盖档案管理的最新理念、技术应用及数字化建设等多个方面。为了更好地利用这些资源，医院应当依托职业教育等线上平台与线下课程，为档案从业人员的职业发展铺设道路。医院不仅要利用外部资源，还要发挥自身的专业优势和相关资源，如邀请院内或行业内的专家开展授课，分享实践经验和行业洞察，使档案管理从业人员能够定期地、系统地更新知识，不断提高自己的专业能力。为了进一步提高档案管理的效率和准确性，医院应着手组建一支优秀的档案管理人员团队。这支团队应熟悉现代信息技术，如大数据、云计算等，并能够灵活运用到实际工作中，以老带新，建立优秀的成长教学机制。

（二）参与行业协会与组织交流，提高职业认可度

档案管理工作相对封闭，工作内容和专业知识常常局限于医院内部。通过参与行业协会和组织的交流活动，档案管理人员可以拓宽视野，了解行业最新发展动态、前沿技术和最佳实践，从而提高自身的专业水平和能力。参与行业协会与组织交流可以促进档案管理人员之间的互动与学习。通过与其他医院的档案管理人员交流经验和分享技术，可以借鉴其他机构的成功经验，发现并解决自身工作中存在的问题，提升工作效率和质量。

积极参与行业协会与组织的活动还能够增强档案管理人员的社会认可度。通过分享自己的专业知识和经验，参与行业研讨会、讲座或者发表行业文章，档案管理

人员可以树立在行业中的专业形象，提高个人职业声誉和认可度。医院档案管理人员应积极参与行业协会与组织的交流活动，有助于拓宽视野、促进学习和增强社会认可度，对档案管理人员的个人职业发展和行业整体提升都具有积极的意义。

（三）探索更多的合作发展机会

档案管理人员应当在完成本职工作的前提下，积极寻求并建立跨部门、跨机构的合作关系。在医院内部，与医疗信息技术部门、临床部门等建立紧密合作是实现资源共享和信息互通的关键。通过合作，不仅可以共同解决信息管理和数据处理方面的难题，还能提高工作效率。同时，档案管理人员还可以寻求院外合作，与其他医院或医疗机构展开合作，通过共同开展研究项目、数据共享以及技术交流等方式促进行业内共性问题的解决，从而推动医疗行业、档案管理行业的进步。利用互联网和数字化平台，档案管理人员能够加入专业社交网络或在线论坛，在世界各地寻求交流与合作，无疑为档案管理工作的创新发展提供了更广阔的空间和更多的可能性，也为档案管理人员创造了更多的职业发展契机。

（四）加强个人发展规划与自我管理

首先，在个人职业发展中，设定明确而具体的目标。这些目标应当与个人兴趣、能力以及职业规划方向相结合，包括短期目标、中期目标和长期目标，如考取相关资格证书、提升管理技能和专业技术。要实现这些目标，制订详细的实施计划至关重要，包括制订学习计划及安排学习内容和时间，还要积极参加相关的培训课程以提升自身专业素养。同时，寻求业内导师或同行的指导，以更有效地实现个人成长。然而，个人发展规划并非一成不变，应根据行业动态和市场需求的变化展开灵活调整，发挥主观能动性，使个人发展规划充分贴合时代发展轨迹。

其次，在自我管理方面，时间管理和情绪控制是关键要素。作为档案管理人员，面对处理大量文件和资料的挑战，必须善用时间管理工具，如日程表和待办清单，以确保工作高效有序。同时，面对工作压力，学会调整情绪也十分重要。通过运动、冥想和与朋友交流，可以有效缓解压力，保持良好的心态。

最后，不断提升专业技能也是自我管理的关键，可以通过参加专业培训、阅读相关书籍和参与行业内的交流活动来实现。

（五）建立完善的晋升通道和激励机制，提供职业发展机会

医院应积极构建科学、合理的激励机制，鼓励员工不断提升专业技能和学历水平。这一机制应确保职称和职务晋升通道的畅通，让档案管理人员看到自己在部门中的成长空间和职业发展前景。该激励机制既要具有远大的愿景性，激发档案管理人员的奋斗精神，又要确保目标的可及性，让档案管理人员通过自己的努力能够实现晋升和成长。通过这样的设计，人事部门可以有效提升员工的成就感和获得感。

同时，通过职称和技能等级的评定，也可以实现职级的提升。为了满足不同员工的发展需求，医院还应考虑设立项目管理、专业研究等多元化的晋升通道。晋升通道应建立在公平、公正的基础之上，确保每位档案管理人员都有晋升的机会，且晋升的标准应公开透明，主要评估员工的实际工作业绩和能力。

在激励机制方面，医院应根据档案管理人员的工作业绩和能力水平来制定合理的薪酬体系，并确保该薪酬与市场水平相匹配，具备足够的竞争力，从而有效激发员工的工作积极性。明确奖励制度，可以通过绩效奖金、年终奖金、优秀员工评选或者晋升机会等物质和精神奖励，表彰那些在工作中表现突出的档案管理人员。医院还应定期为员工提供培训和发展机会，以提升其专业技能和知识水平，不仅可以增强员工的工作能力，还能加深对医院的归属感。优化工作环境，提供舒适、安全的工作环境以及先进的档案管理工具和设备设施，也是提高员工工作效率和满意度的重要手段。

第六章

医院档案信息化建设

第一节　医院档案信息化的建设和管理

一、医院档案信息化建设概述

（一）医院档案信息化建设面临的问题

1. 档案管理工作者的素质不能满足信息技术情况下档案管理的需求

在信息技术情况下，医院档案的管理形式发生了改变，应用的档案管理信息系统比较烦琐，要使档案处理得更迅速更精确，对档案管理工作者的要求也提高了。然而，医院档案管理工作者的知识未得到更新，培训也缺乏力度，档案管理工作的队伍存在许多问题，如专业技能老化、知识结构不适宜、缺乏高层次的档案专业人士等，使得档案管理工作者的素质不能满足信息技术基础下档案管理的需求，档案管理仍然滞留在简单的信息输入、查询和提供运用上，与医院档案管理信息化的建设理念有很大差距。

2. 医院电子档案的最初性很难判断与确认

在原有的医院档案管理形式下，档案是用文字的形式写在纸质介质上来储存的，人们可以较容易地经过笔迹、字体、印迹、印章以及纸张对档案的最初性进行判断与分析。但在信息技术情况下，档案的作者难以留下本人的笔迹，大部分档案是用电子形式储存在磁盘上的，是一种较虚的档案，没有能辨别的迹象，使得使用者对其最初性的判断与分析变得困难，档案的最初性与真实性也受到很大影响。

3. 医院电子档案的隐秘性受到挑战

在信息技术情况下，医院电子档案全是以电子数据的方式储存在信息系统中。而信息系统当中的数据较容易由于人为的错误、硬件或软件损坏等技术性错误与水灾、火灾等自然灾害受到损伤。然而，医院档案涉及医患的隐秘性，对保密的要求很高。信息技术在医院档案管理中的频繁应用对需要保密的档案和一定时间内禁止提供使用的档案的管理提出了很大的挑战。

4. 医院电子档案容易损失

信息技术在医院档案管理中普遍应用，大部分电子档案文件结构烦琐，储存形式多种多样，信息容易损失，而且处在流动的状态。如果受到网络的袭击，病毒感染，极有可能导致网络瘫痪，电子档案文件有可能会丢失，很难找回或者找回来的成本较高，因而给医院造成难以补救的损失。

（二）优化医院档案信息化建设

1. 提高设施的安全性，保证电子档案的安全性

之前说到电子档案在网络传送当中存有一些安全危险性，所以，要看重这个过程，要有目的地增强档案存储设施的安全性，办法有：对有关软硬件采取检查、升级、更新、维护，要定期对相关设备和网络服务器检测、清除和维护，要以此为责任安排网络安全监督人员定时对入档的电子文件，尤其是重要的电子文件实行备份和更新，还要增强数字签名、身份验证、网络防火墙等。运用这些办法来提高设施的安全性，最大限度地保证电子档案在传送、存储、运用操作当中的隐秘性、连续性、发展性和安全性。

2. 健全相关规章制度，规范电子档案操作程序

在使用信息技术对详细的电子档案进行管理当中，要把实际情况作为起点，采取适合、科学的管理制度，如归档制度，电子文件隐秘制度、用户身份确认制度等，最大限度地扩展电子档案管理中的安全范围。在实际的工作当中，应建设一个比较规范的电子档案管理体制和操作准则，让各部门的处理方法、存储格式取得一致，对运用、管理、收集等各个步骤的准则进行健全和规范，最大限度地避免转变换过程中，因为兼容性的问题造成电子文件被损坏，减少在实际操作当中出现错误，而且要保证检索过程与电子文件制作中和电子档案管理能快速同步。

3. 运用信息技术逐步推进，完成电子档案的信息化建设

要落实从实际出发的方针，在医院给出总体规划基础上制订出与要求相符的分期方案。注重电子档案管理一定看重的环节是安全性与特别性，进而建设系统平台，制定科学、合理的管理方式。要把电子档案的数据累积起来，在这个步骤中，我们需要长久坚持，要明白这不是一天两天就能做完的工作。所以，只能从实际开始，依据医院已有的资源，使之充分运用，把阶段性指标加以明了。对现在医院电子档案管理信息化的状况解析一定要逐步推进，完成电子档案信息化的管理。最后要增强该方面的思想方面和技能的训练，进而具备准确的电子档案信息服务观念。

4. 增强技能训练，提高电子档案管理人员的整体素质

医院要着重组织或构建一支专业化的电子档案管理队伍，在选择有关管理人员时，要选择责任心强、作风正派、政治上可靠的人，同时要偏重于对电子档案管理者的专业训练，定时组织业务知识学习，使工作人员的管理知识得以提高，很好地掌握怎样收集、分辨、归档材料以及整合、装订档案的技巧，明白怎样把电子档案管理好。

二、医院档案信息化的管理

（一）医院档案信息化管理的必要性

飞速发展的社会信息化决定了必须加速医院档案管理信息化的进度。现代社会日新月异，人们对各种时效性强、具有高价值的档案信息需求量越来越大，传统的档案管理模式正经受着巨大的冲击和挑战。面对这种冲击和挑战，各级医院只有顺应时势，加快档案信息化建设，尽快实现档案管理现代化，进而使档案管理工作适应新形势发展的要求。

实现医院档案管理信息化是解决自身存在问题和提升管理水平的根本途径。近年来，各级医院在实现档案管理信息化方面虽然做了一些工作，但总体来看，现代化程度仍不高，有些单位还比较落后，主要是管理意识、设备和技术方法、档案管理和利用均处于较低水平。解决这些问题的唯一办法就是不断更新管理意识，改革管理方法，运用先进的技术设备，从手工劳动中解脱出来，提高工作效

率，完全实现管理现代化，从根本上提高档案的管理利用水平。

实现医院档案管理信息化是确保医疗事业可持续发展和自身发展的需要。医疗事业需要发现、培养和造就大批的建设人才，只有翔实、全面地掌握人事档案材料，才能合理选用人才，充分发挥人才的作用，确保实现医院事业的可持续发展。因此，实现档案管理信息化就显得十分迫切和必要。实现档案管理信息化不仅有利于发现、培养和造就大批人才为医院事业发展服务，而且将会使档案信息资源得到更加充分的开发利用，同时可以延长档案寿命。

（二）采取改进措施

1. 加强档案管理人员的素质建设

档案信息化建设是一个需要有合理结构的人才队伍才能完成的系统工程。加强档案管理人员队伍建设是实现档案管理信息化成功的根本，决定着档案信息化的发展速度和质量。

2. 提高档案管理人员的业务素质

医院档案信息化建设涉及数字化档案信息资源建设、计算机网络建设、办公自动化和文档一体化管理，可以说是一项档案技术工程。这就要求档案管理人员既要掌握档案学基础理论和档案管理知识，还要掌握一些自然科学基础理论知识、计算机技术、网络技术和操作技能。具体而言，档案人员应该做到：第一，能熟练运用信息工具。档案管理人员要注重自我完善，掌握计算机理论知识和操作技能，使自己能熟练使用各种现代信息工具，特别是网络传输工具，为更快、更好地开发档案信息打下牢固的技术基础。第二，能鉴定有效的档案信息。档案管理人员要把有价值的档案信息有效地传递给档案利用者，这是评价档案部门信息服务质量的一个重要标准。网络环境下，信息量庞大，内容也十分复杂，档案工作者必须具备比以往更强的鉴定评估能力，对档案信息进行判断、鉴选、分析，从中筛选出对特定利用者有用的部分，为利用者提供优质服务。第三，能加工、提炼档案信息。信息社会，档案利用者更需要"精要"信息，提供"原件"已远远无法满足他们的需求，这就要求档案工作者提高对档案信息的加工、提炼能力。许多档案信息具有多重价值，从不同角度进行加工，剔除其中的无用成分，重新组合，将产生新的档案信息产品，从而实现档案信息的渗透增值能力，达到高效利用的目的。

3. 提高档案管理人员的政治素质

档案工作是一项政治性、机密性很强的工作。因此，档案管理人员应严格遵守党和国家的各项法律、方针、政策，严守机密，树立坚定的政治信念。

档案工作具有服务性强的特点。档案管理人员应树立爱岗、敬业、奉献的精神和淡泊名利的价值观，在服务时努力做到主动热情、耐心周到。

严谨细致的工作作风。档案工作也是一项复杂、细致、烦琐的工作，这就需要档案管理人员严谨、细致，在整理档案的区分全宗、分类立卷、编目、鉴定、确定保管期限、汇编、注释档案内容、利用档案的咨询等各个环节做到准确无误。

4. 创新档案管理制度

医院档案部门要在促进档案业务建设过程中，认真学习贯彻档案法及有关档案工作的行政法规、实施办法等，制定适应信息化建设的档案管理制度。一是健全和完善档案管理业务流程和技术规范，细化电子档案管理环节和步骤；二是制定必要的安全措施，确保电子档案的安全性和完整性。

5. 统一档案管理标准

标准规范化是档案信息化建设的基础之一。档案信息化标准规范主要包括管理性标准规范、业务性标准规范和技术性标准规范。标准规范是档案信息化建设的"交通法规"，是衡量工作效率高低的尺度。因此，档案管理人员要认真学习钻研国家和上级档案管理部门关于档案信息化管理的法规、文件，及时请教上级档案管理部门，制定出适合自己医院的统一的档案管理标准，并认真执行，从而建立医院的档案数据库，实现资源共享。

第二节　医院体检档案信息化建设

一、体检档案信息化整合系统的集合设计

在查体档案信息化整合系统的程序计划中，系统编设者应先对系统的最终用户做好需求调查分析工作，向相关运用者介绍系统的设计想法和设计的功能操作。在分析好系统所要实现的具体业务基础上，利用相关设计工具，对系统进行功能和性能的设计分析。有效地设计系统的各个功能模块，使其更贴近用户的需求，系统设计人员应当使用软件设计工具来实现系统所需实现的一些特殊功能，并且分析和评估设计方案中存在的遗漏。确保在设计分析过程中存在的问题能得到及时修正，保证被开发软件系统贴合用户的诉求。

（一）系统核心功能模块设计

系统核心功能模块分为三大模块：前台登录注册模块、后台核心录入查核模块、数据查询统计分析模块。这三大模块是对基本模块的整合和归纳。前台登录注册模块包括：档案系统首页登录、检查化验结果查询；后台核心录入查核模块包括：检查检验结论录入、检查检验结果查核、检查检验结果调阅、体检项目管理、用户信息整理；数据查询统计分析模块包括：患者的疾病数据情况累计后的统计、根据统计结果做具体的项目分析、体检数据的调出使用以及健康或疾病信息的统一汇总运用。

首次使用体检档案信息管理系统时需进行用户注册，系统维护管理员或项目管理员会仔细核对用户信息，并给予相关权限；注册成功并取得用户权限后，开始录入体检化验结果和检查结果，依次经过归类分项、结果录入、结果核查三个阶段；审核人员对录入人员提交的结论和数据进行相关审核，依次经过初级审批（初审）、主检提交、终极审批（终审）、审批结项四个阶段，在各个阶段中若审核的结论或数据不符合原始化验单或报告，则退回前一阶段的审核，并提交修改意见给相应的录入人员；学科负责人可以在相应的报告结论信息栏和检验信息报

告查询界面查询到体检结果的详细数据信息；管理员用户可在数据项目管理模块和用户信息管理模块对检验项目和用户实施相关管理。

在这些步骤之后，体检信息数据库留存的信息已经充足，这样就可以根据患者的不同需求以及医学的不同用处来归纳统计不同疾病的发生模式、条件状况、疾病特点，并做数据源的项目分析，达到预防、控制各种疾病的目的。同时，如果患者需要到外地甚至国外体检，体检数据信息库也能够满足各种数据需求。

（二）系统数据库设计

1. 概念结构设计

目前大部分系统使用的数据库是 MySQL，其数据库的生成和维护工具采用的是 Navicat Premium。Navicat Premium 高级版是技术领先的数据建模开发平台，可以用来生成和维护数据库，以便于高效地实现可视化数据结构，使数据操作更加简便、易于操作，也便于数据库的后期维护及备份。

根据对该系统的相关分析，主要的实体有管理员本体、录入职员、查核职员、结论实体、数据实体。下面对各本体及其本体间的关系和联系进行讨论：第一，录入人员的录入体检信息与结论、数据间同时存在着一对多的实体关系，一个录入人员可以同时录入多个不同的结论或数据，为了保证结论和数据都能够顺利完成，同一个结论或数据允许被多个录入人员同时申报。第二，录入人员录入的体检信息和审核人员审核的体检信息被多个管理员分配权限，同时一个管理员管理多个录入人员和审核人员，对于结论和数据与管理员间则存在着多对多的关系。第三，数据统计的成果与信息汇总后的结论和数据审核之间的关系，一个统计成果是通过审核多个不同的结论或数据得来的，属于一对多的关系。

2. 数据表设计

（1）用户信息表（User）

用户信息表包括人员编号、姓名、密码、确认密码、性别、出生日期、工作机关编码、科室编码、职务编码、职称编码，身份 ID 号、邮箱、移动固话号、图片和简介等字段信息。其中用户编号字段的类型为 Int，主要用于添加用户是作为其主键，使其唯一区分开不同的用户，并且可以作为外键与其他相关表取得联系。姓名字段归为 Varchar，用于显示储存用户姓名，可作为用户登录系统的登录名。密码字段的类型为 Varchar，表示密码，登录系统时需要使用检验。医疗机构编号字段类型为 Int，用于和 Hospital 表进行连接，显示用户所属医疗机构，其他字段信息与之前阐述内容相类似。

（2）管理员信息表（Manager）

管理者信息表包含管理者编号、用户名称、私人密码、权利范畴等信息。其中管理员编号字段的类型为 Int，用于唯一标示不同的管理员为主键。用户姓名字段归为 Varchar，用于表示用户登录的登录名。密码字段归为 Varchar 类，用来表示用户登录密码。权限字段的也归为 Varchar，用作表示使用者权限。

（3）权限信息表（Power）

权限信息表包括操作权限编号、权限名称等字段信息。其中操作权限编号字段的类型 Int，用于专有标示操作权限，用作权限信息表主键。权限名称字段的类型 Varchar，用于表示权限的名称。

（4）医疗机构信息表（Hospital）

医疗机构信息表包含机构编号、机构名称等字段信息。其中机构编号字段的类型为 Int，用于表示机构编号，可以和 User 表取得联系显示相关信息。机构名称字段的类型为 Varchar，用于显示机构具体名称。

（5）医院分科资料表（Department）

医院分科资料表包含科室编码、科室称位等字段。其中科室编码字段的归类为 Varchar，是本表的主键，用于专有标示科室。分科名称字段为 Varchar 型，显示其科室名，其中主要有内科、神外、眼科、五官科、口腔科和妇科。

（6）职务资料表（Post）

职务资料表包含职务编码和职务职位，其中职务编码为 Post 表主键，唯一标示职务信息。职务名称字段的类型为 Varchar，用于显示职务名称。

（7）职称信息表（Title）

职称信息表包含职称编码、职称职位等字段信息。其中职称编号字段的类型为 Int，唯一标示 Title 表。职称职位字段的归类为 Varchar，用于显示职称职位的详细信息。

（8）结论数据信息表（Result）

结论数据信息表包含数据编码、数据形式、数据名称、涉及领域、数据字数、科别分类、数据类型、所用语言、所需时间、录入人员姓名、备注、数据状态、数据结论报告等字段信息。当中数据编号字段的类型是 Int，用于专有标示数据资料表为主键。数据名称字段为 Varchar 型，用于显示数据的具体名称。科室分类字段的类型为 Varchar，用于显示具体的检查科室，具体可表示为内科、外科、耳鼻喉科等。所需时间字段的类型为 Int，用于显示录入人员录入数据的所用时间，具体时间以分钟为单位。数据状态字段的类型为 Int，用于显示数据所处的录入审核状态。

（9）录入数据审核信息表（Result-evaluate）

录入数据审核信息表包含数据录入编号、数据编号、审核数据意见、终审意见、审核报告意见字段信息。其中数据申报编号为 Int 型，是本表的主键。数据编号字段的类型为 Int，用于显示 Result 表的成果编号为外键，可对数据信息表进行联系。审核数据意见字段的类型为 Varchar，用于显示审核人员对录入的数据进行审核，储存相关修改意见及建议。审核报告意见字段的类型为 Varchar，用于显示数据录入员已完成的相关档案录入后审核人员对数据进行各层级的审核，填写审核意见。审核负责人字段的类型为 Int，用于显示数据的具体核查人员。

二、查体档案信息系统的实现

（一）构筑查体档案信息网络平台

健康体检是一个持续的长期的针对个人健康的管理，医院应强化其检后服务，健康状况动态跟踪，健康服务平台应以健康为核心，以体检档案为基础，为体检者提供连续、综合且有效的健康服务，建立查体档案网上查询系统，使得体检者能够及时便捷、准确地查询到个人当年和近几年内的体检报告以及医生的相关建议。

（二）在规范与管理上下功夫，把好体检者的流通关

健康服务产业发展模式多样化，多数发展模式在沿袭国际健康服务先进理念

的同时兼顾本单位的具体情况，为健康查体档案管理纷纷增添了专业的体检管理软件，其核心功能有查体档案的录入、体检报告的输出、查体档案的统计查询和对比分析以及体检综述和建议的自动生成。该系统的使用可以规范查体档案管理，大大提高查体档案管理人员的工作效率，使查体档案的管理更加准确、全面、完美，能够明显地提升体检业务的竞争力。

为了加速体检卫生服务的信息化建设，提供方便、快捷且具有针对性的医疗服务，必须确保个人资料的完整性、原始体检报告的详尽记录以及信息录入的准确无误，从而为体检者带来更优质的基础医疗服务体验。因为准确的体检记录是建立和发展固定体检者队伍的信息来源，要获得准确、全面的信息，体检站的工作人员要认真核对每位来体检者所填写登记的内容是否完整、如实、正确，只有这样才能确保准确地录入每条信息。

严格执行各项操作规程。由于体检者是质量保证体系中的开头部分，所以体检者从登记、填写、录入、整理到归档，都必须符合该系统规定的标准操作规程，体检者的基础资料录入全面，也是医生全面了解分析体检者个人及其家庭问题，从而做出正确决策的重要基础保证。同时也能为体检者提供有针对性和连续性的服务，为开展三级预防提供基础性资料，利用查体档案卫生资源，更好地开展健康教育，普及推广健康教育知识。

丰富的查询、统计、分析功能是以查体档案的管理为基础的，系统可以输出面向个人、单位、体检中心三个方面的各种统计分析报告，通过建立查体档案能够了解体检者的整体健康状况，为医生诊断提供依据，可以了解和掌握体检者的疾病分类情况，通过流行病学调查得出危害健康的危险因素，从而能够有针对性地开展工作，有针对性地为体检者提供预防、治疗、保健、康复等多方位和卫生服务。

（三）采用现代化管理手段实现档案计算机微机管理

通过计算机微机管理档案，可以极大地提高工作人员的工作效率，使日常工作更加方便、快捷和规范。这样的管理方式不仅能够解放工作人员从繁重的手工劳动中，还能快速、方便、准确地检索所需数据，从而为体检者提供更优质的服务。完整的体检档案能够反映个体健康的细微变化，是建立个人健康档案的重要参考。因此，收集完整的体检报告对于健康管理至关重要。

在工作流程中，应确保体检者信息的完整性。这包括各类检查单的发放、填写和后续检查过程。例如，在血液检查中，从血液采集到化验分类、分项收集以及结果发放，每一步都需清晰记录。对于超声检查，各脏器病灶的大小和形态描述必须准确，检查报告无误。档案管理人员需认真核查，严格核对所有记录，对于不完整的体检资料要进行跟踪反馈。对于未按流程归档的资料，也要做好记录，确保最终能够完整归档。

（四）在系统化管理上下功夫

档案管理的系统化是在规范化管理的基础上，运用系统原理，依据现有系统设备，使录入和体检信息在系统内运行的一种模式。其目的是实现体检者信息在系统工程内的信息共享。

系统化有效地对体检者的完整档案进行保留便于开展健康教育、咨询、健康体检再次动员，通过现代化技术的筛选，对各项疾病的统计具有重要意义。不管是个人查体档案查阅，还是单位体检报告集中管理，都能安全、系统地为体检者提供持续的个性化医疗服务。如体检者可以登录自己的健康管理空间查看历次体检结果。

体检信息管理系统实现了体检业务管理的自动化、信息化、规范化，解决了以手工方式进行预约、登记，为体检者和体检单位建立完整的体检管理，对体检者体检情况进行全面记录和管理，实现体检业务过程的全面计算机化。建立健康档案，管好健康档案，是人人享有卫生保健的重要保障之一。

（五）以网络化管理为目标，让信息连接成为现实

档案管理的规范化和系统化为体检信息的再利用奠定了良好基础。而网络化管理将成为体检者档案管理模式的发展目标。

建立体检信息服务网站，充实和扩大其内容和范围，充分发挥体检信息的功能服务，可以取得更多、更好、更广的社会效益。

在技术成熟和各种条件允许情况下，通过网站系统，在尊重体检者隐私的前提下，可以实现信息服务领域扩展的飞跃。

只有领导认识到位，从思想上重视档案管理工作，给予大力的关心和支持，增添大量的设备和专业人员。同时，档案管理人员和档案用户意识到位，才能真正把查体档案信息系统管理到位，发挥其真正作用。

第三节　医院档案共享服务信息化建设

一、医疗档案信息的基本特点

（一）医疗档案信息的真实性

众所周知，患者个人的医疗档案信息不仅是司法鉴定的重要凭证，而且是医保取证的基础性材料，所以其真实性是医疗档案最重要的特点。

医疗档案在形成的过程中如果存在任何与事实不符的信息，就失去了应有的法律效力。医疗档案信息是指医务人员亲自书写并签名的关于患者各方面的检查、化验、影像信息以及临床诊疗方案等文件。

初诊时对患者近期或长期的身体各方面的状态进行记录，该原始记录如实地反映了医务人员为病人诊治的全过程，保证了日后对医疗档案信息的借鉴与利用。

（二）医疗档案的信息准确性

医疗档案在形成的过桯中，不仅要具有真实性还要具有准确性。如果说医疗档案信息的真实性是第一性的话，那其信息的准确性就是第二性。医疗档案信息的准确性包括两方面。一方面，内容的准确性。患者在就医的过程中似乎都有这样的经历，医务人员书写的信息无法辨识，即使是其他的医务人员也很难辨识，这就容易引起不必要的问题，甚至会引起医疗纠纷。因此，医务人员在书写医疗档案信息时，一定要注意内容的准确性，字迹工整，文笔通顺，不得涂改。另一方面，医疗档案书写内容的准确性，诊断结果要依据多方面的检查结果来做出判断。医务人员在书写患者医疗档案时，要根据患者化验结果、影像报告、物理诊断等多方面综合信息确定执行医嘱，以保证医疗档案信息的准确性。

（三）医疗档案信息的集成性

医疗档案的信息是具有集成性的，所谓集成性就是强调患者医疗档案的形成是需要一段时间的，甚至需要一生的时间。患者到医疗机构就医，初始挂号就在医疗机构信息系统自动生成了专属患者自己的账号，初步形成医疗档案，接下来的一切检查报告、化验报告、医务人员的诊治过程都连续地记录到患者的医疗档案中，整个过程直到患者出院才会初步中止。患者出院后定期的复查或者再次住院的信息都要记录在医疗档案中。这就是医疗档案信息的集成性特点，该特点决定医疗档案在归档过程中工作人员不能遗漏、不能归错，保证医疗档案信息的完整性特点。

（四）医疗档案的对象专属性

医疗档案是一种以一个医疗机构为单位集中保存的档案信息类型，这种专属性在形成和利用过程中都有不同程度的体现。每一份独立的医疗档案只有一个主体，绝不能含有其他任何患者的信息，同一患者不同时期的医疗档案信息应当集中保管。医疗档案的对象专属性利于查找患者信息以及医保取证、伤残鉴定。

此外，医疗档案还具有依附载体形式的多样性与来源的广域性特点。第一，医疗档案信息依附载体形式的多样性。患者医疗档案信息包括多方面的信息：化验报告，如肝功能、血细胞分析、甲状腺功能、肾功等；影像报告，如 X 线、磁共振、CT、心电图报告等。第二，医疗档案来源广域性特点。目前，各大医疗机构的患者来源渠道主要分两种。一是患者自主到医疗机构就医。二是其他医疗机构转诊。此种形式患者主体的医疗档案信息的完整性更应得到医疗机构的注意。

二、建立医疗档案信息共享服务策略分析

（一）医疗档案信息共享服务策略的可行性

医疗档案信息在医、教、研上具有重要的价值与意义，不仅是记载患者病情

的医疗文书、医疗教学的基本资料还是医疗机构管理与决策的重要依据。同时，医疗档案还是医务人员科学研究的基础性材料。因此，医疗档案信息已经受到各大医疗机构和医疗卫生高等院校的重视。医疗档案信息共享服务在现行社会对信息共享的需求、国家政策的支持、现代化信息技术的支撑以及经济发展的推动下具有一定的可行性。

1. 国家政策给予医疗档案信息共享服务策略的支持

随着经济的快速发展，社会的不断进步，生活水平的日益提高，人们的饮食与作息越来越不规律，患病的概率显著提高，高血压、糖尿病、心脑血管病已经成为普遍疾病。目前，国家高度重视医疗卫生事业的发展，全面支持医疗机构的数字化建设工作，提出建设现代医疗机构信息化体系的目标。

作为社会主义文化建设和精神文明建设重要内容的档案管理工作，必须顺应现代科学发展日新月异的潮流，按照档案法提出的采用先进的技术实现档案管理现代化的要求，积极稳妥地开展档案现代化管理工作，为更好地弘扬社会主义先进文化和全面提高档案管理服务水平做出应有的贡献。这些政策给予医疗档案信息资源网络化共享很大支持。

2. 现代信息技术对医疗档案信息共享服务策略的支撑

计算机技术和网络技术的迅速发展，引起了信息产业的变革。计算机技术改变了信息处理、信息存储的方式，网络实现了信息的快速传递。当今社会，一个国家的信息技术水平已成为衡量其综合国力和现代化程度的主要标志。医疗卫生事业的快速发展，也要求医疗机构实现医疗档案信息管理手段的现代化、科技化、网络化。实现医疗档案信息资源的网络化共享与计算机和网络技术的发展密不可分。

3. 经济的发展为医疗档案信息共享服务策略提供物质支撑

经济基础决定上层建筑，当今社会，任何方面的发展与进步都是和物质基础分不开的。现在，国家越来越关注人们的身心健康。目前我国医疗卫生体系最严重的问题就是，医疗机构与医疗机构之间信息闭塞，无法实现医疗档案信息互通、医疗档案信息共享，"信息烟囱""信息孤岛"等现象极其严重。这些问题已经严重制约了我国医疗卫生事业的健康发展，党和国家以及各大医疗机构为了改变此现状，已加快医疗档案信息共享建设，投入大量人力、物力构建数字化程序，推动建设城乡医疗档案信息共享、远程会诊的医疗卫生体系。

4. 社会对医疗档案信息共享的需求

随着医学事业的发展，医疗机构与医疗机构之间的学术交流尤为常见，如果医疗机构能够分享到其他医疗机构医疗档案信息资源，那么医务人员的诊断、治疗实践、诊疗技术以及诊疗水平将会极大地提高。

同时，人们的健康理念也发生了质的变化，自我保护意识增强，患者有权知道自己的健康状态，有权详细了解相关的医疗档案内容。人们希望借助医疗档案信息来增加健康透明度，通过使用医疗档案信息来维护自身的合法权益。

（二）医疗档案信息共享服务策略的作用

1. 有利于发挥医疗档案的凭证作用

档案的凭证价值是档案不同于其他各种资料的最基本特点。档案是确凿的原始材料和历史记录，它可以成为考查、研究和处理问题的依凭，认定法律权利、义务与责任的依据。

由此可知，医疗档案对于医、教、研各个方面具有凭证价值。医务人员根据患者以往医疗档案信息来进行医务处理。即既往史，如过敏史、外伤史、手术史；以往基础疾病，如高血压、糖尿病、心脑血管病，遗传病史，如传染病史、家族史。在医学教学方面，根据以往医疗档案信息总结疾病规律，应用于临床治疗。相关科研人员根据大量共享的医疗档案信息，根据大量数据试验结果，总结病情转归规律，应用于临床治疗与教学活动中。

2. 有利于促进医疗技术交流提高

从社会整体角度来看，档案不仅是人类社会实践活动的记录者、承载者，作为凭证与信物，档案之中还积淀、凝聚着丰富的文化内涵，是人类社会发展所必需的精神文化财富，也是人类文明进步的阶梯。大量医疗档案信息存储于信息共享平台，由专业的档案工作人员定期地进行信息处理与维护，从而有利于医疗事业文化积累。传统的纸质病历因为数量众多，而医疗机构医务科的病历储藏空间有限，大量医疗档案无法安置在指定位置，不利于查找。目前众多医疗机构已经实施院内信息共享，然而各个医疗机构诊疗患者是有限的，医疗档案信息也是有限的，建立医疗档案信息共享平台，可以把尽可能多的信息由专业医务人员从医学角度编辑、整理、分类，作为医疗事业的文化积累。实现医疗机构医疗档案信息共享，可以实现各级医疗机构医务工作人员互通有无，加强交流，提高医疗水平，扩大各级医疗机构的诊疗范围，节省医务人员流动，提高诊疗效率，真正实现医疗服务均等化有利于博采众长，促进中西医的发展与交流。实行医院档案信息共享，可以使医务人员及时地利用数据平台、数字化图书室，与国内外优秀的医务工作者进行技术交流，查阅先进医学资料，总结医务工作经验，交流工作心得，促进医务工作人员的医疗技术和诊疗手段。

3. 有利于实现优质医疗资源共享

优质医疗资源多集中在大城市中的大型医疗机构，地方医疗卫生资源、诊疗和服务能力严重欠缺；不同地域、不同医疗机构之间条块分割现象严重、信息沟通渠道不畅、缺乏组织协调机制，甚至处于无序竞争状态；各医疗区域间、医疗机构间的医疗服务能力差距悬殊，不仅在医疗规范化建设方面相对落后，在医疗服务质量方面也差强人意。建立医疗档案信息共享服务，可以实现优质医疗资源共享。医务人员根据信息平台的信息，借鉴科学、先进的诊疗方案，提高疾病的治愈率，减少术后并发症，提高诊疗水平。

4. 有利于准确判定医疗责任（医患纠纷）

档案所特有的原始记录属性使其成为令人信服的、系统完整的真凭实据。医疗档案信息产生于医务人员工作实践之中，具有真实可靠、系统翔实的特点。医疗档案信息包含着所有医务人员在治疗过程中采用的治疗方案与病人的病情变化，记载着医患双方应承担的法律、经济等权利与义务，一旦就此产生疑问、发生争执甚至出现矛盾纠纷时，医疗档案信息都具有无可辩驳的证据作用，可以有效地平息矛盾冲突，解决相关的利益归属问题，是确保国家整体利益以及所有医患双方正当、合法权益不受侵犯的真凭实据。

三、医疗档案信息共享服务策略的系统基础

（一）临床信息系统（HIS）

该系统是保障医疗卫生服务机构正常运转的重要保障系统，是实现医疗机构医疗信息系统的最原始的组件。其主要模块为在门诊工作中的挂号系统、收费系

统、医生工作界面、护士工作界面、入院缴费系统、出院结算系统、药局输液室管理系统等。

（二）图像存储与传输系统（PACS）

在医疗行为的实施过程中，通过各种数字化辅助检查设备，如 MRI、CT、X 线等产生的检查结果为较大信息量的数字化影像信息，这样就要求对其采集、存储、诊断、输出等必须有专门高效的信息处理系统。

（三）检验信息系统（LIS）

在对临床采集的各种样本进行检验分析的过程中，为保证各步骤间的顺利进行和完美契合，必须有一整套完整的、能够对各个步骤的平均处理时间做深入分析的系统，进而找出各检验步骤间的合理而又协调的规律，合理增加样本在处理环节上的运行效率。

（四）电子病历系统（EMR）

医生可以通过该系统应用数字化手段记录患者在医疗过程中病情的变化以及医疗过程，数字化病历管理可以使医生方便快捷地进行信息查询和对既往病历数据进行统计。这既实现了病历管理形式的革命，更重要的是实现了医学信息交流的变革，为医疗档案价值的充分实现提供了一种高效的转化平台。

（五）临床数据分析系统

这是集临床数据采集、储存、分析整合、管理统计于一体的迎合复杂临床工作需要的系统。其先进性为包含大量专业的临床数据，还有大量一线临床医学专家的实践经验共识。通过标准医学数据和临床专家的经验共识，系统能够为医护人员在医疗过程中准确提供病人和数据之间的关联信息提示，为患者提供及时合理的治疗，并能够满足临床数据统计分析的需求，为临床实践的科学研究提供高效平台。

（六）临床医疗与科研信息共享系统

医疗档案信息共享服务为医护人员及患者都提供了方便快捷，它还有一个更有意义的价值在于把临床数据转化为科研数据。临床医疗与科研信息共享系统确保了医疗工作以及科研工作的高效进行，确保了研究信息采集的及时完整以及数据信息处理的速度、深度和广度。

四、医疗档案信息共享服务策略的现实基础

（一）已经建立层次分明、相互联系的医疗体系

为解决社会医疗资源配置不合理，优质医疗资源多向大城市、大医院集中，基层卫生资源、医疗和服务能力严重不足等问题，医疗卫生体系之间已经加强了联系。以黑龙江为例，哈尔滨医科大学附属第一医院与黑龙江中医药附属第二医院已经建立了医疗信息联系，由于哈尔滨医科大学附属第一医院目前患者较多，医疗设备紧缺，一些患者通过信息平台转诊到黑龙江中医药大学附属第二医院做相关影像检查，缓解了检查等候时间过长的问题，提高了就诊效率。优秀的医疗技术人员集中分布在大城市的三级甲等医疗机构，导致其他低级别医疗机构很难实施较难、较复杂的高级别手术，遇到此类情况，一般邀请经验丰富的医生来做手术。偏远城市的低级别医疗机构遇到复杂的病情，一般通过远程会诊，与经验丰富的相关医生建立联系，共同确定治疗方案。

（二）比较完善的网络环境

随着经济的快速发展，科技的迅速进步，医疗卫生体系网络日趋完善。目前，全国三级甲等医疗机构普遍实行远程会诊系统。远程会诊就是利用电子邮件、网站、信件、电话、传真等现代化通信工具，为患者完成病历分析、病情诊断，进一步确定治疗方案的治疗方式，它是极其方便且诊断极其可靠的新型就诊方式，它与邮件的紧密配合，有力地带动了传统治疗方式的改革和进步，为医疗走向区域扩大化、服务国际化提供了坚实的基础和有利的条件，也为规范医疗市场、评价医疗质量标准、完善医疗服务体系、交流医疗服务经验提供了新的准则和工具。

（三）社会公众健康意识提高

随着社会公众健康意识提高，实施医疗档案信息共享，人们可以比较系统地

掌握自己的健康状况，无论患者到任何医疗机构就诊，医务人员根据医疗档案信息共享平台，可以及时掌握患者的既往史、基础疾病史以及家族遗传史，从而更好地进行诊治，提高患者的身体素质。

（四）医疗档案信息共享服务实施中医务人员素质明显提高

1. 个人职业道德的进步

众所周知，医疗机构的病案室长期处在封闭与隔离的环境中，医务人员的工作通常容易被忽视。鉴于此问题，我们要强化医疗档案管理人员的理想建设，树立坚定的职业信念与优秀的职业道德。医疗机构要以强烈的事业心和高度的责任感，以及认真负责的工作态度和一心一意的服务思想开展医疗档案信息共享管理工作。医疗档案管理人员要有爱岗敬业精神，认真负责，任劳任怨，全心全意为医疗机构和患者服务。

2. 思想政治素质的提高

医疗档案管理工作的政治机要性很强，所以医疗机构的医疗档案管理人员要讲政治。医疗机构医疗档案管理的医务人员一定要具有较高的政治素质和强烈的责任感。医疗机构医疗档案管理的医务人员的首要政治目标就是要做好医疗档案的保密工作。一旦造成医疗档案的丢失、泄露，将会给社会、医疗机构及患者带来无法估量的损失和影响。

3. 医务人员的专业技能的提高

医疗机构医疗档案管理人员必须不断学习，不断进步，掌握医疗档案信息管理的新方向，因为医疗档案工作的业务性很强。在社会主义市场经济条件下，医疗档案管理人员必须更新和掌握新知识，因为医疗档案信息管理工作面临许多新情况、新问题。实现医疗机构医疗档案信息化管理是时代发展的必然趋势，在现代医疗卫生信息的掌握和医疗机构的日常管理中有着重要的作用。长期以来，我国医疗机构一直在积极推动医疗档案信息化的管理工作，并初步取得了一些成效，但是医疗机构医疗档案信息化管理的道路依然任重而道远。

五、医疗档案信息共享服务策略的保障要素

(一) 医疗档案信息共享服务过程中体制逐渐创新

医疗档案信息共享服务过程中体制逐渐创新,指的是在医疗档案信息共享服务过程中的机构设置与权限划分。在此之前,各地医疗档案管理缺乏统一的管理模式,机构设置混乱,权限划分不明确。现今,拥有完善的机构设置,拥有医疗档案信息存储部门、医疗档案信息安全维护部门以及医疗档案信息临床与科研相结合部门,各部门权限划分明确,不得干预其他部门的相关工作。

(二) 医疗档案信息共享服务过程中制度日趋完善

医疗档案信息共享服务过程中制度日趋完善,各规范了医疗档案信息共享服务的范围,建立严格的医疗档案信息共享服务归档制度,确保医疗档案信息完整性,规范医疗档案信息共享服务信息录入的有效性(时效性),建立医疗档案信息共享服务备份系统,保障医疗档案信息的安全性,确定医疗档案信息共享服务过程中的个人隐私安全。实现医疗档案信息服务,完善的共享制度是具有约束作用的,是必不可少的前提条件。

(三) 医疗卫生体系加强投入

为了促进医疗卫生体系的健康发展,实现优质医疗资源共享,目前不只医疗体系加大投入,各大医疗机构也不断加大投入,如聘请专业技术人员,专门负责软件的开发,建立数字化医疗机构,研发医疗档案信息共享系统。

六、依法规范医疗档案信息共享服务的实施

医疗档案信息共享网络由于自身的特殊性,在某些程度上很难承认其法律价值。实现医疗档案信息共享的有力保障是医疗档案信息的法律价值得到真正的体现。只有加强医疗档案信息的管理,才能解决医疗档案信息共享的法律价值问题,使其规范化、科学化和制度化。主要应做到以下四点:

（一）档案信息共享服务信息录入的有效性（时效性）

患者从初诊到出院的所有诊疗活动所生成的所有数据和文字由于某些缘故会有些变动，有些信息在规定的时间内允许进行合理的修改。而修改过的信息也必须在系统内做出特殊标记，用来记录这一修改行为。但是医务人员医嘱类的信息在任何时候都不能进行修改，因为这类医疗档案信息是医疗纠纷的凭证信息，决定着医疗纠纷的责任者。

（二）档案信息共享服务的标准电子签名保障真实性

电子签名是指数据电文中以电子形式所含、所附用于识别签名人身份并表明签名人认可其中内容的数据。医疗档案中的电子签名至关重要。医疗档案中的电子签名与传统意义上的亲笔签名所产生的作用应该是一致的，它能识别医务人员与患者的身份，准确地判定医疗纠纷中的责任方。换个角度来说，要想实现医疗档案的法律价值，必须实现医疗档案电子签名的合法性。因此，我国医疗卫生体系必须规范地设计医疗档案中的电子签名，来确保医疗档案中电子签名的法律地位。

（三）档案信息共享服务归档制度确保完整性

医疗档案信息归档分为逻辑归档和物理归档两种方式。逻辑归档是只将患者医疗档案的物理地址或链接储存在医疗机构 HIS 系统控制的服务器中，使相关医务人员和政府部门通过计算机网络可对医疗档案信息进行有效查阅和调用。由于现代信息技术逐渐完善，大型医疗机构和政府部门都拥有了稳定可靠的网络环境和严密安全的管理措施，所以这种归档方式已普遍适用。但是，三级甲等医院相关医疗档案信息共享人员一定要及时做好备份，防止信息平台各种数据信息由于各种因素丢失，没有数据副本可供使用。

物理归档则是要求医疗档案信息经计算机设备刻录、拷贝到只读光盘载体上，以便于医疗档案信息的长期保存。所生成的所有患者医疗档案信息只有在两种情况下才能自动锁定，即患者出院和患者经诊疗无效死亡。与此同时，将该患者的医疗档案信息自动转移到数据库中进行保存。成熟稳定的医疗档案归档系统，应满足以下两方面的要求：一是医疗档案信息的完整性。医疗档案信息的集成性要求医疗档案信息的完整性。二是医疗档案信息的安全性。医疗档案信息系统管理、医疗档案信息安全法律法规以及医疗档案信息系统安全保障技术这三个层面构成医疗档案信息共享网络安全管理体系，此外还包括医务人员的专业教育与技术培训体系。

（四）档案信息共享服务备份系统保障安全性

医疗档案信息共享得到法律认可的关键性因素是医疗档案信息数据安全，这也是医疗档案信息共享在我国尚未得到很好发展的主要原因。为了保障医疗档案信息安全，我国政府可以采取第三方保管的方式。这种方式主要以政府为主导，建立第三方的医疗档案管理中心，使患者的医疗档案信息脱离医疗机构来进行管理。

参考文献

［1］李丹娜，赵秋凤，黄姗姗. 现代档案管理与实践探究［M］. 北京：中国书籍出版社，2024.

［2］李丹，杨波. 档案管理与资源利用探索［M］. 北京：中国书籍出版社，2024.

［3］张国强，张辉，杨杨. 档案管理理论与实践创新研究［M］. 北京：中国书籍出版社，2024.

［4］侯可俊，郭静. 医院管理规范与档案数字化［M］. 上海：上海交通大学出版社，2024.

［5］吴迪，高尚. 档案管理工作优化与信息化建设［M］. 北京：学苑出版社，2024.

［6］丁夕. 档案管理信息化建设研究［M］. 长春：吉林出版集团股份有限公司，2024.

［7］刘颖，刘一凡，孙佳. 档案管理基础理论与实践研究［M］. 长春：吉林人民出版社，2024.

［8］吕媛媛. 信息时代下档案管理工作的发展研究［M］. 北京：新华出版社，2024.

［9］高曙明，谭秀华，姜艳丽. 现代医院管理与档案信息化建设［M］. 北京：中国纺织出版社，2023.

［10］王静，郝静. 档案管理实务［M］. 北京：现代出版社，2023.

［11］袁晓琳，于萍. 档案管理与应用创新研究［M］. 长春：吉林文史出版社，2023.

［12］倪代川. 数字档案资源生态管理策略研究［M］. 武汉：武汉大学出版社，2023.

［13］范文超. 现代医院管理规范与档案管理［M］. 西安：世界图书出版西安有

限公司, 2023.

[14] 高毅静. 现代医院管理学与档案数字化 [M]. 上海：上海科学普及出版社, 2023.

[15] 柴军荣, 赵乃东. 现代化档案管理与档案信息化建设发展 [M]. 延吉：延边大学出版社, 2023.

[16] 曾红华. 医院档案管理建设与应用研究 [M]. 成都：成都时代出版社, 2023.

[17] 余力杨. 档案信息化建设与管理探索 [M]. 延吉：延边大学出版社, 2023.

[18] 刘焕霞, 李春梅. 现代档案管理理论与实践 [M]. 哈尔滨：黑龙江科学技术出版社, 2023.

[19] 胡阳阳. 档案管理建设与实践 [M]. 长春：吉林科学技术出版社, 2023.

[20] 丁德胜. 电子档案管理理论与实务 [M]. 北京：中国文史出版社, 2023.

[21] 赵梅, 任华. 现代档案信息化管理与建设研究 [M]. 秦皇岛：燕山大学出版社, 2023.

[22] 孔旸, 何小萍. 档案管理理论研究 [M]. 长春：吉林出版集团股份有限公司, 2023.

[23] 赵一娜, 刘东兴. 档案资源建设与信息化服务管理 [M]. 北京：中国铁道出版社, 2023.

[24] 吴巧玲. 现代化档案管理与服务研究 [M]. 长春：吉林科学技术出版社, 2023.

[25] 姚建明. 档案管理数字化发展与创新研究 [M]. 北京：中国书籍出版社, 2023.

[26] 刘维峰. 现代医院管理规范与档案管理 [M]. 哈尔滨：黑龙江科学技术出版社, 2023.

[27] 刘双玲. 馆藏建设与档案管理研究 [M]. 长春：吉林人民出版社, 2023.

[28] 郑磊. 档案信息管理与存储 [M]. 长春：吉林出版集团股份有限公司, 2022.

[29] 林婷婷, 冯秀莲, 林苗苗. 档案信息资源与数字化管理开发研究 [M]. 哈尔滨：哈尔滨工程大学出版社, 2022.

［30］王玉玲. 新时期档案管理与开发利用研究［M］. 长春：吉林出版集团股份有限公司，2022.

［31］王晓琴，任丽丽. 档案管理基础理论与实践研究［M］. 长春：吉林科学技术出版社，2022.

［32］王瑞霞. 现代档案数字化管理研究［M］. 长春：吉林人民出版社，2022.

［33］马爱芝，李容，施林林. 信息时代档案管理工作理论及发展探究［M］. 长春：吉林大学出版社，2022.

［34］潘美恩，廖思兰，黄洁梅. 医院档案管理与实务［M］. 长春：吉林科学技术出版社，2022.

［35］杨晓玲，张艳红，刘萍. 档案信息化管理与建设研究［M］. 长春：吉林人民出版社，2022.

［36］邹佳健，廖淑莉. 现代档案信息化管理与建设研究［M］. 长春：吉林人民出版社，2022.